VOUS NE ME TROUVEREZ
PAS SUR AMAZON !

W0352792

BIOGRAPHIE

Écrivain et journaliste, LAURENT MAUDUIT a été rédacteur en chef du service économique de *Libération* puis, passant au *Monde*, il y a été tour à tour directeur adjoint de la rédaction et éditorialiste. Participant ultérieurement à l'aventure de Mediapart, il en a été l'un des cofondateurs. Il est l'auteur d'une vingtaine d'ouvrages, dont *Main basse sur l'information* (Stock) qui a reçu le prix 2017 des Assises du journalisme.

À tous les libraires indépendants
qui refusent la tyrannie d'Amazon,
Aux très rares éditeurs qui défendent
cette même cause démocratique,
À la presse libre qui refuse de passer
sous le joug de Google ou de Facebook,
À tous les citoyens attachés à la liberté
de la presse et la liberté d'opinion.

Aussi controversé qu'il soit, le géant Amazon est devenu en France le premier libraire et le premier distributeur de livres. Si tous les libraires indépendants connaissent les dangers que fait peser cette situation de domination sur l'acquis démocratique majeur que constitue le prix unique du livre et s'ils mènent de très longue date un combat solidaire pour contenir ses avancées, il n'en va pas de même des éditeurs dont beaucoup laissent faire. L'hypocrisie est même encore plus spectaculaire : de nombreux éditeurs de gauche, qui aiment publier des essais présentant les effets ravageurs du capitalisme financiarisé, n'ont aucune gêne à faire distribuer leurs livres par l'un des groupes les plus emblématiques de ce système prédateur.

Les éditeurs qui refusent ce double jeu sont rarissimes. Divergences est l'une des 80 maisons d'édition qui se sont fédérées autour d'Hobo Diffusion, une structure de diffusion de livres, DVD et revues en librairies, pour participer à l'appel de novembre 2020 « Nous ne vendrons plus nos livres sur Amazon ».

Comme cet essai, qui prolonge plusieurs de mes enquêtes publiées sur *Mediapart*, entend lancer l'alerte sur les dangers que les géants du numérique font peser sur la liberté de l'information dont la presse est l'instrument, et sur la liberté d'opinion dont le livre est l'un des principaux vecteurs, il m'a semblé logique qu'il soit publié par les éditions Divergences dont le fondateur, Johan Badour, a été l'un des rédacteurs de cet appel.

C'est de ce partenariat qu'est née l'idée du titre de ce livre : « Vous ne me trouverez pas sur Amazon ! » Car les éditions neuves de cet ouvrage n'y seront effectivement pas distribuées : pour les trouver, il faudra se rendre dans une librairie. Mais ce titre est évidemment une bouteille à la mer. Nous nous prenons à espérer que le message finira par se propager sous des formes diverses, dans les univers du livre et de la presse : « Nous ne pactiserons pas avec Google, pas plus qu'avec Facebook ! » C'est en tout cas l'ambition de cet essai : lancer l'alerte et défendre la presse et l'édition indépendantes.

INTRODUCTION

Aux géants du numérique, il est fait d'innombrables reproches. En vrac, celui de profiter trop souvent d'abus de position dominante et d'écraser la concurrence ; celui aussi de fuir l'impôt par des systèmes d'optimisation ou d'évasion sophistiqués ; celui également de ne pas respecter les règles sociales en vigueur en Europe continentale et particulièrement en France, et de promouvoir une ultraflexibilité ; ou enfin de favoriser une captation générale des données de leurs utilisateurs et de les transformer eux-mêmes en marchandise, pour mettre la main sur une part toujours croissante du gigantesque marché publicitaire.

Mais à ces mêmes géants du numérique, on ne fait ordinairement pas grief de constituer des menaces directes contre les libertés fondamentales.

Et pourtant, c'est bel et bien ce constat que cet essai entend dresser : avec ces oligopoles anglo-saxons, si puissants et si intrusifs, ce sont les libertés essentielles elles-mêmes qui sont aujourd'hui en danger ; c'est en France la célèbre loi de 1881 les garantissant qui est menacée ; ce sont, en somme, des grandes conquêtes démocratiques, par exemple celles portées dans ce domaine en d'autres temps par Georges Clemenceau, qui sont en passe d'être balayées.

Certes, l'histoire est parfois injuste. Des grands hommes qui ont défendu au cours des derniers siècles la liberté de la presse et la liberté d'expression, on ne retient le plus souvent que quelques noms. Camille Desmoulins, qui voyait en la presse « la sentinelle » de la démocratie, est ainsi passé à la postérité pour avoir joué un rôle majeur dans la défense de ces principes dès le début de la Révolution française et contribué, avec l'appui de Robespierre, à la rédaction du célèbre article 11 de la Déclaration des droits de l'homme et du citoyen : « La libre communication des pensées et des opinions est un des droits les plus précieux de l'homme : tout citoyen peut donc parler, écrire, imprimer librement, sauf à répondre de l'abus de cette liberté dans les cas déterminés par la loi. »

Parmi ces grandes voix, il y a encore celle d'Alexis de Tocqueville qui, écrivant son ouvrage *De la démocratie en Amérique* dans les années 1835-1840, rappelle les principes sur lesquels la démocratie s'est construite au XVIIIe siècle, en France aussi bien qu'aux États-Unis. Et puis, il y a surtout la voix de Victor Hugo, la plus forte de toutes, la plus remarquable aussi, qui, avec vigueur, défend les valeurs universelles qui sont celles de la République, à l'occasion notamment de deux discours formidables, l'un prononcé le 11 septembre 1848, depuis la tribune de l'Assemblée constituante, et l'autre presque deux ans plus tard, le 9 juillet 1850, toujours depuis la tribune de l'Assemblée nationale. « Le principe de la liberté de la presse n'est pas moins essentiel, n'est pas moins sacré que le principe du suffrage universel. Ce sont les deux côtés du même fait. Ces deux principes s'appellent et se complètent réciproquement. La liberté de la presse à côté du suffrage universel, c'est la pensée de tous éclairant le gouvernement de tous. Attenter à l'une, c'est attenter à l'autre », proclame-t-il lors du premier discours.

Mais dans cette longue généalogie démocratique qui fait de la presse un fondement majeur de la démocratie, on omet le plus souvent de citer le nom de Georges Clemenceau. Sans doute y a-t-il une explication à cette omission. Dans la longue carrière politique qu'il connaît, on ne se souvient souvent que de son rôle détestable comme ministre de l'Intérieur, quand il réprime avec violence les grandes grèves des vignerons de l'année 1907 dans le Languedoc et le Roussillon ; ou son rôle de « Père la Victoire », quand il pourchasse les défaitistes ou les pacifistes, ou mate les rébellions dans l'armée, à la fin de la Première Guerre mondiale. Et du même coup, on oublie ce qu'ont été sa jeunesse politique et ses combats démocratiques, du temps où, militant dans le camp des républicains, il se range du côté des « radicaux » et polémique contre les « opportunistes ». Et l'on oublie aussi le rôle majeur qu'il joue, contre les républicains modérés ou les monarchistes, dans le long et passionnant débat parlementaire qui conduit à la fameuse loi du 29 juillet 1881 sur la liberté de la presse et la liberté de parole.

Or, en ces temps obscurs dans lesquels la France est aujourd'hui en train de plonger du fait de la gouvernance autoritaire d'Emmanuel Macron, marqués par de très graves régressions démocratiques avec l'extrême droite en embuscade, il faut honorer les républicains à qui l'on doit la loi progressiste du 29 juillet 1881 – qui permet aussi de mieux comprendre les dangers que font peser ces géants du numérique sur ces libertés fondamentales, avec l'appui du même Emmanuel Macron.

On oublie trop souvent que les révolutionnaires de 1789, en proclamant la Déclaration des droits de l'homme et du citoyen, ne posent qu'un principe fondateur : la liberté de la presse et la liberté de parole sont les premiers ressorts d'une démocratie – ce que les pères fondateurs de la démocratie américaine établissent eux aussi, à la même époque, avec le célèbre Premier amendement. Mais par la suite, à partir de 1793 et jusqu'aux débuts de la IIIe République, la liberté de la presse et la liberté d'expression connaissent une longue période de glaciation, avec quelques très courtes périodes d'éclaircies démocratiques, en 1830 ou en 1848. Il faut donc attendre 1881, presque un siècle plus tard, pour que l'article 11 de la Déclaration des droits de l'homme trouve enfin une traduction législative.

Cette loi de 1881, il est d'autant plus utile d'en souligner l'importance qu'elle fait l'objet, depuis quelques années, singulièrement depuis le début du premier quinquennat d'Emmanuel Macron, d'innombrables attaques et remises en cause. Et au nombre de ces attaques, il y a celles que sont en train de mener les GAFAM – acronyme de Google, Amazon, Facebook, Apple, Microsoft, c'est-à-dire les cinq conglomérats américains qui dominent le marché mondial du numérique. Cette offensive risque d'ébranler encore un peu plus cette loi de 1881, qui est la principale conquête démocratique garantissant le droit de savoir des citoyens. En se remémorant le combat des républicains de 1881, on devine ce que la France pourrait perdre si cette conquête démocratique était remise en cause.

Si Georges Clemenceau s'engage de la sorte dans le combat pour la liberté de la presse et la liberté de parole en 1881, c'est qu'une décennie plus tôt, de 1865 à 1869, il a séjourné aux États-Unis et y a été le correspondant du journal *Le Temps*. Durant ces années, au cours desquelles il a découvert les vertus libérales de la démocratie américaine et du rôle de la presse, il s'est forgé de fortes convictions démocratiques, qui transparaissent quand il est question de faire en 1881 une loi sur la liberté de la presse et la liberté de parole. La détestation de l'empire et la sympathie pour la démocratie américaine le conduisent à s'engager fortement.

Alors que l'examen du projet de loi par la Chambre des députés a commencé depuis plusieurs jours, c'est lors de la séance du 5 février 1881 que Georges Clemenceau fait un premier long discours afin de défendre ses positions. Pour commencer, il rappelle le prix que son père, Benjamin Clemenceau, envoyé en prison à plusieurs reprises sous le Second Empire, a payé pour ses engagements républicains : « J'ai été élevé dans l'amour de la République. J'ai vu mon père frappé au Deux-Décembre. Plus tard, je l'ai vu partir pour l'Afrique, enchaîné comme un malfaiteur. » Et aussitôt, il en tire argument pour une ode à la liberté : « Il n'y a pas un acte de ma politique où je n'aie vivement cherché à servir la cause républicaine. Et je viens défendre ici le principe de la République, la liberté [...] contre quelques-uns de ceux qui ont aujourd'hui la prétention de défendre la République mieux que nous ne saurions le faire et qui pourtant servaient Bonaparte quand les républicains étaient proscrits [...] La République vit de liberté ; elle pourrait mourir de répression, comme tous les gouvernements qui l'ont précédée et qui ont compté sur le système répressif pour les protéger. [...] On veut vous faire décréter que l'outrage à la République est punissable. Soit. Et puis qu'arrivera-t-il ? Il y aura des magistrats qui siégeront dans le prétoire et qui auront pour mission de dire où finit la discussion et où commence l'outrage. »

Et, prolongeant son remarquable discours, Clemenceau ajoute : « Qu'est-ce donc, en effet, que la République, sinon un gouvernement d'opinion, c'est-à-dire un gouvernement fondé sur le principe du respect de la volonté nationale et reposant par conséquent sur le principe de la liberté complète de discussion [...] Ce qu'on vous demande de faire est possible dans un gouvernement monarchique, où le principe, c'est le roi ou l'empereur. On peut à la rigueur déterminer ce que c'est que l'outrage à la personne du roi ou de l'empereur, qui se confond avec le principe. Mais aujourd'hui, où est le roi, où est l'empereur ? [...] Le souverain, c'est le suffrage universel, c'est la nation, gouvernant dans sa liberté et trouvant dans la forme républicaine la seule garantie de cette liberté. »

Le propos est bien sûr marqué par le souvenir de ce qu'a été le régime autoritaire de Napoléon le Petit, mais il garde avec le recul une résonance beaucoup plus profonde sur ce qu'est la liberté d'expression. « Vous n'y songez pas, ajoute Clemenceau, vous avez vaincu vos ennemis, les ennemis de la République, et cependant vous aviez contre vous les puissances de ce pays, l'administration, la magistrature, l'armée elle-même spécialement organisée contre le pays, l'argent lui-même, l'oligarchie financière ; vous aviez contre vous les puissances sociales, armées de toutes les lois de répression dirigées par toutes les monarchies contre la liberté. Et cependant, vous avez vaincu ! Et ces lois de répression ont été impuissantes, et votre victoire a consacré à jamais le triomphe de la liberté et l'impuissance du système répressif. Et c'est quand votre victoire est assurée, quand vous êtes les plus forts, quand vous avez une majorité immense non seulement dans le Parlement, mais dans le pays, quand votre pouvoir prouve l'inefficacité de ces mêmes lois qu'on vous propose d'édicter aujourd'hui, quand vous avez pris sur ces bancs la place de ceux qui défendaient ces lois. »

Clemenceau poursuit, avec brio : « C'est aujourd'hui qu'on vous propose de les imiter, d'abandonner le principe de liberté qui vous a donné la victoire, qui vous a donné le pouvoir, qui vous le conservera, c'est aujourd'hui qu'on vous propose de vous inspirer dans l'établissement du gouvernement nouveau du principe où vos prédécesseurs avaient mis tout leur espoir et qui les a perdus. Messieurs, si vous accédez à la proposition qui vous est faite, ce serait en quelque sorte comme un retour inconscient à l'esprit monarchique. Eh bien, les monarchistes ont été impuissants ; vous seriez impuissants à votre tour. [...] Il faut avoir le courage de faire son choix ; vous vous trouvez en présence de deux systèmes : celui de la répression et celui de la liberté. »

Quelques jours plus tard, le 14 février 1881, lors de la seconde délibération, le même Georges Clemenceau repart à la charge quand la question de l'outrage revient en débat : « Ce que nous réclamons, c'est la liberté des ennemis comme des amis de la République ; car c'est notre force d'avoir confiance dans la puissance de la vérité sur la raison humaine jugeant et prononçant alors en souveraine liberté. [...] Il n'y a de sécurité vraie que dans la liberté. [...] Laissez tout attaquer, à condition qu'on puisse tout défendre. Car on ne peut défendre honorablement que ce qu'on peut attaquer librement. »

Formidables discours qui résument l'esprit de cette grande loi qui est finalement promulguée le 29 juillet 1881 par un décret du président de la République, Jules Grévy, contresigné par le président du Conseil Jules Ferry ainsi que par le ministre de l'Intérieur. Formidables discours, car ils révèlent le réveil démocratique qui prévaut en cette année 1881 ; et par contraste, ils permettent de prendre la mesure de l'actuel naufrage démocratique que la France connaît sous le second quinquennat de Macron.

Que l'on veuille bien en effet observer ce qui se joue à l'aube de la IIIe République et ce qui se joue, aujourd'hui, en ces temps d'agonie de la Ve République.

À la première époque, le pays est confronté à une révolution industrielle absolument considérable, celle de l'électricité, qui va conduire progressivement à l'automatisation et à l'industrialisation – et plus tard au fordisme. C'est dans ce contexte qu'apparaît donc l'imprimerie moderne qui va donner naissance à la presse de masse. Pressentant que cette révolution technologique va modifier les règles de la démocratie, en donnant pour la première fois une traduction législative à l'idéal de la Déclaration des droits de l'homme, la IIIe République naissante a donc l'intelligence et le mérite d'offrir au pays une loi progressiste, celle du 29 juillet 1881. Une grande loi progressiste dont la philosophie est tout entière résumée par son premier article : « L'édition et la librairie sont libres ».

En revanche, rien de tel aujourd'hui ! Une nouvelle révolution industrielle est certes à l'œuvre, celle des nouvelles technologies de l'information et de la communication (NTIC). Et il y aurait mille raisons pour que cette révolution numérique donne lieu aussi à une nouvelle révolution démocratique, offrant de nouveaux droits aux citoyens, pour disposer d'une information indépendante et libre, leur conférant une place nouvelle dans le débat public, grâce à la participation qu'autorise internet, leur offrant aussi de nouvelles garanties d'accès élargi à toutes les données d'intérêt public.

Or, au lieu de cela, l'opacité prend le pas sur la transparence ; le contrôle et la sécurité l'emportent sur la liberté. En résumé, c'est la défaite en rase campagne de Clemenceau qui se profile : la grande loi de liberté de 1881 est progressivement détricotée. L'histoire est en passe de réécrire le célèbre article 1 de la loi comme suit : « L'édition et la librairie sont désormais placées sous influence ».

Et si, malheureusement, c'est ce qui advient, c'est pour des raisons qu'il n'est pas difficile d'identifier. D'abord, si la presse française a été placée sous influence, elle qui disposait d'une indépendance et d'une liberté sans égale à la Libération, c'est parce qu'elle a fait l'objet depuis deux décennies, d'une opération de prédation organisée par une poignée de milliardaires.

Prise de contrôle des *Échos*, du *Parisien*, puis du magazine *Challenges*, par le milliardaire du luxe Bernard Arnault ; rachat par le milliardaire de la téléphonie Xavier Niel, tantôt avec des associés, tantôt en solitaire, du groupe Le Monde, puis de *L'Obs*, puis de *Nice-Matin*, puis de *Paris Turf*, puis des journaux du groupe France-Antilles ; acquisition du magazine *Le Point* par l'autre milliardaire du luxe François Pinault ; contrôle du *Figaro* par les milliardaires de l'armement, la famille Dassault ; rachat par le milliardaire Patrick Drahi de *Libération* (depuis recédé), des journaux du groupe L'Express, de BFM Business, de BFM TV ou encore de RMC ; acquisition du quotidien régional *La Provence* par le patron-propriétaire du géant mondial du transport maritime CMA-CGM ; prise de contrôle par le milliardaire Vincent Bolloré de Vivendi, et donc de ses deux filiales, Canal+ et I-Télé, rebaptisé CNews, puis du *Journal du dimanche*, de *Paris-Match* et d'Europe 1, jusque-là contrôlés par le groupe Lagardère. Agrémentée de censures innombrables, d'autocensures ou d'instrumentalisations en tout genre, cette offensive multiforme et généralisée des puissances d'argent est maintenant bien documentée – j'y ai moi-même contribué par d'innombrables enquêtes sur Mediapart depuis sa création en 2008, ainsi que par un essai, *Main basse sur l'information* (Don Quichotte, 2016), récompensé par le prix des Assises du journalisme.

Plus grave ! Comme c'était prévisible, la normalisation économique s'est effectivement prolongée en de nombreux cas par une normalisation éditoriale. Vieux principe de ce capitalisme prédateur : qui paie commande ! Dans la logique ultime de ce système qui bafoue les principes démocratiques les plus élémentaires, on a même vu émerger dans le paysage audiovisuel français, sans que le régulateur s'en offusque – ou si peu ! – une chaîne cryptofasciste, CNews, propriété du milliardaire Vincent Bolloré, qui s'est mise à promouvoir dans nombre de ses émissions toutes les idées rances ou islamophobes, allant jusqu'à faire campagne pour le chroniqueur d'extrême droite Éric Zemmour.

Et le cas de CNews n'est pas isolé. Après l'opération de prédation conduite sur la presse par une poignée de milliardaires, qui s'est accélérée à partir de 2008, c'est même un tournant majeur. De la presse de connivence ou de la presse d'influence, le système est en passe de se transformer pour faire des médias des instruments de propagande en faveur de l'extrême droite raciste et xénophobe.

À preuve, dans le prolongement du scandale CNews, il y a eu le scandale du *Journal du dimanche (JDD)* : le même Vincent Bolloré, qui a construit son empire sur les décombres du capitalisme colonial français et qui défend des convictions à l'avenant, n'a pas hésité, en juin 2023, à installer comme directeur à la tête du *JDD*, un journaliste d'extrême droite, Geoffroy Lejeune, qui était auparavant le directeur du magazine également d'extrême droite *Valeurs actuelles*. Proche de Marion Maréchal Le Pen, l'intéressé est aussi un ami d'Éric Zemmour, dont il a été un soutien actif, lors de sa campagne présidentielle. Avec la complicité du pouvoir qui n'a rien fait pour interdire le coup de force de Bolloré et l'installation à la tête de ce quotidien de cette figure de l'extrême droite, la normalisation de la presse française s'est brutalement accélérée et a pris une tournure très inquiétante.

En somme, la France d'Emmanuel Macron a renoué avec les pires dérives de l'entre-deux-guerres, quand le parfumeur François Coty pouvait mettre *Le Figaro* au service des ligues fascistes de l'époque, racistes, antisémites ou xénophobes, et en particulier de la ligue qu'il avait lui-même créée, Solidarité française.

Dans le secteur du livre, le mouvement de concentration et de dévastation a été le même. Au fil des dernières décennies, les grandes maisons d'édition, autrefois indépendantes, ont pour beaucoup cessé de l'être et ont été croquées par des milliardaires. En bout de course, ce paysage dévasté a deux grands pôles : Hachette, passé sous le contrôle du même Bolloré, et Editis, sous le contrôle du milliardaire tchèque Daniel Kretinsky. Deux pôles qui font l'objet d'une bataille insensée, comme si le monde des livres pouvait se jouer sur des coups de dés comme au *Monopoly*.

Preuve des dangers extrêmes qui pèsent en France sur la liberté de la presse et la liberté de l'édition, un seul milliardaire, en l'occurrence Vincent Bolloré, qui fait la promotion des idées de la droite radicale, est donc en train de constituer un immense oligopole rassemblant des actifs considérables dans le monde de l'édition (Hachette), celui des médias

(Canal+, CNews, *JDD*, *Paris Match*, Europe 1...), mais aussi dans le monde de la communication (Vivendi), du conseil et communication et de la publicité (Havas), sans parler du transport, de la logistique, des sondages, de la production audiovisuelle. De surcroît, on a appris au début de l'été 2023 que le même Vincent Bolloré était entré en négociations exclusives pour racheter la grande librairie indépendante L'écume des jours de Saint-Germain-des-Prés, à Paris.

De l'amont jusqu'à l'aval, l'inquiétant milliardaire veut tout contrôler. Mais la concentration à laquelle il procède dans la presse et l'édition n'est pas qu'horizontale, par une boulimie d'acquisitions dans ces deux secteurs ; elle est aussi verticale – phénomène nouveau –, par l'agrégation, au sein de la même holding, de métiers différents.

L'offensive ne s'arrête pas là. Il y a eu au fil de ces dernières années, notamment depuis le début du quinquennat d'Emmanuel Macron, une rafale de dispositions législatives constituant autant de remises en cause du droit de savoir des citoyens. Et dans le lot, il y a eu de nombreux coups de boutoir donnés contre cette loi de 1881.

La plus sérieuse attaque a été la loi sur le secret des affaires, découlant d'une directive européenne. Attaque gravissime, pour des raisons simples à comprendre : la loi de 1881 pose en son article 1 un principe majeur, celui de la liberté, et les articles suivants prévoient les sanctions auxquelles s'expose un citoyen en cas d'abus de cette liberté (injure, diffamation, racisme, antisémitisme, etc.). Or la loi sur le secret des affaires, promulguée le 30 juillet 2018, inverse radicalement les choses : le principe absolu, c'est celui du secret ; et des dispositions complémentaires précisent les exceptions possibles à ce régime de secret. En clair, la première disposition introduite dans le code du commerce, c'est que l'omerta s'applique à toute information dès lors qu'elle « revêt une valeur commerciale, effective ou potentielle, du fait de son caractère secret ». Mais quelques dispositions complémentaires sont aussi prévues, définissant des exceptions au secret des affaires – notamment, ce secret n'est pas opposable à la presse. Ces exceptions sont néanmoins si fragiles qu'elles ne contrebalancent pas l'extrême danger que ce nouveau dispositif fait peser sur le droit de savoir des citoyens. C'est l'équilibre même de la loi de 1881 qui s'en trouve remis en cause, pour tout ce qui touche aux entreprises.

Au nombre de ces dispositions liberticides, on pourrait tout autant citer la loi sur les « fake news », promulguée le 22 décembre 2018, qui fait à l'époque l'unanimité contre elle, tous les syndicats de journalistes comme de nombreuses associations de défense des libertés publiques faisant valoir qu'elle réécrit en partie la loi de 1881, de manière dangereuse, en renforçant les possibilités de censure et en confiant au juge des référés le soin de décider en moins de 48 heures la qualité, vraie ou fausse, d'une information, sur la base d'une définition très vague de la « fausse information ».

Pour comprendre la gravité de cette disposition, un seul exemple : si la loi avait déjà existé en 2012, le journal Mediapart aurait-il pu publier le 28 avril de cette même année, soit huit jours avant le second tour de l'élection présidentielle opposant Nicolas Sarkozy à François Hollande, un document officiel libyen faisant mention d'un accord de principe de 50 millions d'euros du dictateur Kadhafi pour la campagne présidentielle du même Nicolas Sarkozy en 2007 ? À l'époque, toute la presse avait suggéré qu'il s'agissait d'une « fake news ». Il y a donc fort à parier que la justice aurait censuré l'information de Mediapart, alors que depuis, Nicolas Sarkozy a été mis en examen dans cette affaire pour « association de malfaiteurs ». Une preuve, parmi de nombreuses autres, que cette remise en cause de la loi de 1881 a pour effet désastreux de remettre en cause le droit de savoir des citoyens.

Toujours au nombre des attaques innombrables contre la liberté de la presse et de la loi de 1881, on pourrait citer la décision stupéfiante du tribunal judiciaire de Paris, en octobre 2020, qui a ordonné à Mediapart, sans débat contradictoire, sur des fondements mensongers, sous peine de très lourdes sanctions financières, de surseoir à la publication d'une nouvelle enquête sur les méthodes politiques du maire de Saint-Étienne, Gaël Perdriau (ex-Les Républicains) – un élu déjà au cœur de lourdes accusations sur un chantage à la *sextape* opéré pendant des années contre son ancien premier adjoint. Cette censure sans précédent a certes été battue en brèche, puisque 37 sociétés de journalistes et autant d'organisations de défense de la liberté de la presse ont à l'époque dénoncé une attaque historique contre le droit à l'information, conduisant la justice à prendre une ordonnance de rétractation, annulant la censure.

Même si l'offensive n'a pas abouti, elle n'en est pas moins révélatrice : dans certains milieux judiciaires, comme dans certains cénacles politiques conservateurs, l'envie est forte de bousculer cette loi progressiste de 1881, au terme de laquelle il ne saurait y avoir de censure préalable. La liberté de publication est totale, et si sanction judiciaire il y a, elle ne peut être qu'a posteriori, au terme d'un débat contradictoire. L'envie est forte, même si ce n'est jamais dit en ces termes abrupts, de revenir au système de la censure préalable qui a sévi si longtemps en France, et que la loi de 1881 a précisément aboli.

Et puis, il y a eu aussi la perquisition à son domicile et les 39 heures de garde à vue infligées par les policiers de la Direction générale de la sécurité intérieure (DGSI) en septembre 2023 à la journaliste du site Disclose, Ariane Lavrilleux. Auteure d'une série d'enquêtes sur les ventes d'armes de la France à l'étranger, la journaliste d'investigation avait en particulier participé aux révélations faites par ce site sur l'opération militaire Sirli, en Égypte. En novembre 2021, les journalistes de Disclose s'appuyaient sur plusieurs centaines de documents « confidentiel défense » pour documenter une campagne d'exécutions arbitraires orchestrée par la dictature égyptienne du maréchal Al-Sissi, avec la complicité de l'État français. Le supposé « secret défense » n'était là qu'un leurre destiné à cacher la complicité de l'État français dans les crimes contre des civils de la dictature égyptienne.

La garde à vue de la journaliste et son interrogatoire par des policiers, chargés en théorie des enquêtes antiterroristes, visaient donc à l'intimider, à la dissuader de conduire des enquêtes sur des sujets majeurs d'intérêt public, et à découvrir ses sources, pourtant protégées précisément par la loi de 1881.

À travers ces assauts contre la loi de 1881, la liberté de la presse est donc sans cesse attaquée depuis plusieurs années. Mais pas seulement la presse – le monde de l'édition l'est tout autant, car la loi a précisément pour objet de défendre le droit à l'information et la liberté d'expression, dont le livre est le premier des véhicules. Le sort de la presse et du livre est de ce point de vue totalement imbriqué.

Avant la célèbre loi, sous le Second Empire, c'est devant la tristement célèbre XVIIe chambre du tribunal de Paris que comparaissaient les journalistes en vue, comme Charles Delescluze, aussi bien que les romanciers ou les poètes célèbres, comme Charles Baudelaire ou Gustave Flaubert, poursuivis les uns comme les autres par la vindicte du procureur Pinard, que Napoléon III appelait « mon petit Pinard ». Après l'adoption de la loi de 1881, journalistes comme romanciers ou essayistes sont placés sous le même régime de liberté.

Il faut donc prendre les menaces contre la loi de 1881 pour ce qu'elles sont : elles visent la presse aussi bien que le livre. En douterait-on, il suffit d'examiner la dernière menace, la plus récente et sans doute l'une des plus graves, celle que font peser les GAFAM tout à la fois sur la presse et sur le livre. Deux droits fondamentaux sont ainsi fragilisés : le droit à l'information ; et le droit de diffuser des idées et des connaissances.

De cette menace gravissime, il est dans les médias très peu question. Pour une double raison. D'abord, les grands éditeurs français, qui ont tous pactisé avec Amazon et qui ont fait du dangereux oligopole américain leur premier libraire et premier distributeur, ne sont pas disposés à brandir contre lui l'étendard de la révolte. Stupéfiant paradoxe : les grandes maisons d'édition de gauche raffolent de publier des livres qui dénoncent les outrances du capitalisme financiarisé, mais les mêmes n'ont pas le moindre scrupule à passer sous les fourches caudines de l'un des porte-étendards de ce système qu'ils dénoncent, en l'occurrence Amazon.

De leur côté, les grands médias raffolent eux aussi de publier de grandes enquêtes sur les dangers qu'induisent les géants du numérique, mais ils n'ont pas plus de scrupules à pactiser avec Google et Facebook, pour ne citer que ces deux oligopoles, ni à leur livrer toutes les données de leurs abonnés, pour obtenir d'eux quelques subsides.

Je m'étais déjà employé à décrire ces phénomènes dans plusieurs enquêtes publiées sur Mediapart, dont celles-ci : « Comment l'État et les GAFAM financent la presse des milliardaires », mise en ligne le 22 juin 2022 ; « Amazon : la rébellion des libraires ; l'embarras des éditeurs », mise en ligne le 15 décembre 2021. Mais, comme depuis, l'offensive des géants du numérique s'est encore aggravée, j'ai pensé qu'il était opportun d'actualiser ce travail et de l'approfondir, pour que les citoyens soient clairement informés des nouvelles menaces pesant sur la liberté de la presse et la liberté d'opinion.

C'est donc précisément la raison de cet essai : alerter sur la gravité de ces attaques conduites par les géants américains du numérique, en connivence en France avec les puissances d'argent. La gravité, car ce qui est en balance, c'est effectivement le principe de liberté édicté par la Déclaration des droits de l'homme.

CHAPITRE 1.
UN CAPITALISME PRÉDATEUR

Avant d'examiner dans le détail l'opération de prédation que les géants du numérique font subir, sous des modalités différentes, aussi bien à la presse qu'au secteur du livre, il est utile de marquer au préalable un temps d'arrêt pour bien cerner le type de capitalisme qui a pris forme avec l'émergence de ces oligopoles américains.

Ce préliminaire est d'autant plus utile que toute une cascade de balivernes a été déversée pour justifier la mise sous tutelle de la presse par des oligarques dont l'information n'est pas le métier. Par exemple, quand le milliardaire Xavier Niel, propriétaire de Free, et ses associés ont pris le contrôle du groupe Le Monde, puis quand son rival Patrick Drahi, actionnaire majoritaire de SFR, a mis la main sur *Libération* (aujourd'hui revendu) ou sur les titres du groupe L'Express, il s'est trouvé des bonnes âmes pour expliquer que ces hommes d'affaires, loin de suivre une stratégie d'influence, mettaient en œuvre une stratégie industrielle audacieuse et pertinente, reposant sur l'alliance des contenants et des contenus, des tuyaux et des informations. Une alliance, en somme, entre d'un côté les opérateurs de la téléphonie mobile et les fournisseurs d'accès à internet, et de l'autre les éditeurs de presse.

En France, l'argument avait déjà été utilisé à d'innombrables reprises, à la fin des années 1990, quand Jean-Marie Messier avait dépecé la Générale des eaux, véritable tour de contrôle du capitalisme français, pour la transformer en Vivendi, et se lancer dans une folle aventure aux États-Unis, pour mettre la main sur la musique et le cinéma d'Universal. Bien des politiques, de gauche comme de droite, avaient salué l'aventure, avant qu'elle ne se dénoue comme on sait : par un véritable naufrage financier ! Avec à la clef l'éviction de l'aventureux homme d'affaires…

Puis, quand les géants américains du numérique ont fait progressivement irruption dans le paysage des industries de la presse ou du livre, les mêmes arguments ont été avancés. Le vent soufflant sur la France en provenance de la Silicon Valley, c'était la promesse d'une nouvelle croissance, d'un nouveau dynamisme. Que de niaiseries, plus ou moins intéressées, n'a-t-on pas entendu sur ce registre ! Après les Trente Glorieuses, puis les Vingt Piteuses, ce devait être les Cinquante Merveilleuses. Il s'est même trouvé des experts néolibéraux pour faire croire qu'on allait redécouvrir la pertinence de la théorie de l'économiste soviétique Nikolaï Kondratiev sur les cycles longs : vers cinquante années de croissance remarquable !

C'est la même présentation déformée de ce nouveau capitalisme qu'Emmanuel Macron a servi à l'opinion, au lendemain de son accession à l'Élysée en 2017, en prétendant que la France, cette « start-up nation », serait sur la bonne voie si elle copiait ce modèle.

Alors, à rebours de cette communication mensongère, il faut entrer dans la mécanique de ce capitalisme pour comprendre qu'il est l'un des pires qui soient. L'un des plus menaçants, puisqu'il fuit l'impôt sans lequel il n'y a pas de vie en société ; puisqu'il méprise la question sociale et impose à ses salariés des conditions de travail insupportables pour garantir à ses actionnaires les profits les plus considérables ; parce qu'il assoit sa suprématie sur une collecte des données toujours plus large, menaçant ainsi gravement les libertés publiques autant que les libertés individuelles.

Passons d'abord en revue ces différentes menaces, pour bien mesurer la responsabilité des actionnaires des grandes maisons, quand ils pactisent avec Amazon, ou celle des actionnaires des grands journaux, quand ils s'acoquinent avec Google ou Facebook.

Ce capitalisme-là, c'est d'abord celui qui a largement contribué à dynamiter l'impôt. Dans le climat populiste antifiscal qui prévaut de nos jours, il est des vérités qui sont utiles à rappeler : l'impôt a toujours été en France au cœur du pacte républicain. C'est ce que rappelle aussi la Déclaration des droits de l'homme de 1789, en son article 13 : « Pour l'entretien de la force publique, et pour les dépenses d'administration, une contribution commune est indispensable : elle doit être également répartie entre tous les citoyens, en raison de leurs facultés. »

Ce principe fondateur de la démocratie est donc celui qui a présidé, juste avant la Première Guerre mondiale, à la création en France d'un impôt sur le revenu progressif, selon des modalités bien connues : plus on est riche, plus on participe à cette contribution commune. Et c'est aussi ce principe fondateur qui a conduit à ce que l'impôt ne pèse pas que sur les personnes physiques, mais aussi sur les entreprises et sur le capital. Il s'agissait d'une simple question de justice, de sorte que, dans la confrontation ancienne entre le capital et le travail, l'un ne soit pas exonéré et l'autre lourdement taxé.

Or on sait ce qu'il en est advenu. Sous les effets du séisme néolibéral qui a ébranlé toute la planète à partir du début des années 1980, la fiscalité du capital et de l'épargne, en France comme en Europe, a été largement démantelée. Et l'impôt sur les sociétés a, lui aussi, été dynamité.

Que l'on songe en effet à la gravité de la dérégulation fiscale que l'on a connue en France. Jusqu'au début de 1986, le taux de l'impôt sur les sociétés était de 50 %. Puis, au fil des ans, le taux de l'impôt sur les sociétés n'a cessé de baisser, pour atteindre seulement 25 % à partir de 2022. Et l'on comprend bien ce que cela a induit : l'impôt a, de plus en plus, reposé sur le travail, et notamment sur les plus modestes ; et cela a lourdement contribué à déséquilibrer les finances publiques et à justifier des politiques d'austérité. Trait saillant des dernières années, les GAFAM ont joué un rôle majeur dans l'offensive planétaire contre l'impôt, en se plaçant à l'avant-garde du combat pour son démantèlement.

Pour en prendre la mesure, il suffit d'observer les manœuvres en tous genres auxquelles se sont livrés en France les géants du numérique pour échapper à l'impôt. Dans une note d'analyse sur les « Hackers de la fiscalité » (septembre 2019) reposant sur l'activité de ces firmes en 2018, Mounir Mahjoubi, qui fut secrétaire d'État au numérique au début du premier quinquennat d'Emmanuel Macron, et qui connaît donc bien ces questions, estime que le taux réel d'imposition des GAFAM en France était cette année-là de seulement… 4 % !

Explication de Mounir Mahjoubi : « Les GAFAM […] ne déclarent dans notre pays qu'une petite partie de leur activité réelle. De fait, l'essentiel de leurs ventes françaises sont comptabilisées auprès de filiales irlandaises et luxembourgeoises. Pour s'en convaincre, il suffit de lier la localisation des utilisateurs à celle des revenus déclarés en Europe.

Prenons l'exemple de Facebook. Le réseau a reporté un chiffre d'affaires en Irlande de 18,7 milliards d'euros, mais ne compte dans ce pays que 3,1 millions de comptes actifs. En France, son revenu déclaré tombe à seulement 389 millions d'euros pour 38 millions d'utilisateurs. De même pour Google avec un chiffre d'affaires par internaute réalisé en Irlande 932 fois supérieur à celui généré en France… Au global, en 2018, les GAFAM ont déclaré un chiffre d'affaires français de 3,4 milliards d'euros et ont versé un impôt sur les sociétés de 130 millions d'euros… une broutille. En croisant des données publiques, j'estime la réalité de leurs ventes françaises à près de 15 milliards, soit un montant 4 fois supérieur au déclaré. Si l'esprit de nos règles fiscales était appliqué, leur impôt sur les sociétés s'élèverait à 1,1 milliard d'euros. C'est 9 fois plus que les versements actuels. »

Dans le seul cas de la France, Google n'a, par exemple, déclaré que 411 millions d'euros de chiffre d'affaires pour 2018 et a payé un impôt ridiculement faible de seulement 17 millions d'euros. Ce qui n'a strictement rien à voir avec son activité réelle dans l'Hexagone : le Syndicat des régies internet évalue ainsi à 2 milliards d'euros le montant engrangé par Google uniquement dans le cas des recettes publicitaires. Pour l'ancien secrétaire d'État au numérique, le manque à gagner pour l'État français serait donc d'environ 1 milliard d'euros par an.

Mieux que la plupart des grands groupes de dimension mondiale, les GAFAM ont donc joué de l'optimisation fiscale, tout particulièrement en Europe, en déclarant leur chiffre d'affaires dans des pays, comme l'Irlande, ayant une fiscalité sur les entreprises digne d'un paradis fiscal. Sans que quiconque ne s'en offusque. Ou plutôt si… en France, Emmanuel Macron a fait mine, l'année suivante, en juillet 2019, de corriger ces actes de flibusterie fiscale en instaurant une nouvelle taxe, dite taxe GAFAM qui étaient supposée s'appliquer à toutes les entreprises réalisant un chiffre d'affaires supérieur à 750 millions d'euros.

Mais on sait ce qu'il en est advenu. D'abord, cette taxe-croupion ne devait rapporter que 350 millions d'euros en 2019, soit une somme ridiculement faible. Et puis, face aux menaces de rétorsion américaine, la taxe a finalement été suspendue. Et à la place, en juin 2021, les pays les plus riches, ceux du G7, ont annoncé leur intention d'appliquer un taux minimal d'imposition ridiculement bas de 15 % sur les profits offshores des multinationales. En clair, les multinationales du numérique, qui étaient en pointe dans ce combat, ont arraché une stupéfiante victoire.

Avec cynisme, beaucoup de responsables politiques, à commencer par Emmanuel Macron, ont applaudi la disposition, en faisant valoir qu'elle était une étape remarquable dans la voie d'une coordination fiscale internationale. La vérité est pourtant radicalement différente. Comme l'a démontré l'économiste Thomas Piketty dans une chronique pour *Le Monde* (12 juin 2021), cette taxe minimale de 15 % constitue un « véritable permis de frauder pour les acteurs les plus puissants », à commencer naturellement par les géants du numérique.

Et la démonstration n'en est pas difficile à établir. Cette taxe de 15 % est à peine supérieure au taux de 12,5 % en vigueur en Irlande, là où ces géants ont fait remonter l'essentiel de leur chiffre d'affaires pour bénéficier d'une fiscalité minimale. Explication de l'économiste : « Les milliardaires américains ne paient quasiment aucun impôt sur le revenu par comparaison à l'ampleur de leur enrichissement et à ce que paie le reste de la population. En pratique, l'impôt sur les bénéfices est souvent l'impôt final payé par les plus riches (quand ils le paient). Les profits s'accumulent dans des entreprises ou des structures *ad hoc* (trusts, holdings, etc.), qui financent l'essentiel du mode de vie des personnes en question (jets privés, cartes bancaires, etc.), quasiment sans aucun contrôle. En actant le fait que les multinationales pourront continuer de localiser à loisir leurs profits dans les paradis fiscaux, avec comme seule imposition un taux de 15 %, le G7 officialise l'entrée dans un monde où les oligarques paient structurellement moins d'impôts que le reste de la population. »

Voilà donc qui doit être clairement dit : les géants du numérique sont aux avant-postes d'un combat mené par la finance et les multinationales pour conduire une sorte de nuit du 4 août à l'envers. Un combat pour que soit rayé d'un trait de plume le fameux article 13 de la Déclaration des droits de l'homme, fixant un principe majeur, celui de l'égalité des citoyens face à l'impôt. Nous voici menacés de revenir en des temps obscurs, dont on comprend trop bien la logique, résumée par cet adage détestable : « Pourquoi faire payer les riches ! Faisons payer les pauvres, ils sont beaucoup plus nombreux… »

Ce capitalisme-là, c'est aussi celui qui est aux avant-postes pour dynamiter le modèle social français. L'exemple le plus révélateur est évidemment celui du géant du commerce en ligne Amazon, qui se targue depuis un certain temps de ne plus être le champion de la précarité, de la flexibilité et de l'antisyndicalisme. Il suffit pourtant d'aller y regarder d'un peu plus près, et d'examiner le bilan social d'Amazon Logistics France, le service de distribution de la firme, pour comprendre que la communication est trompeuse : la précarité et la flexibilité du travail sont plus que jamais la règle. La société d'expertise comptable Progexa, missionnée par le Comité social et économique du groupe, en a fait la triste démonstration dans une étude d'octobre 2022.

Si, sous le feu des critiques, le groupe a ainsi augmenté ses embauches en CDI pour faire face à l'expansion de son activité en France, les effectifs en intérim ont augmenté encore plus vite : +55 %. Tant et si bien que ce que les économistes appellent le taux de précarité global de l'entreprise, c'est-à-dire le pourcentage de salariés embauchés sous des statuts précaires, est de 42 %. Que l'on songe donc à ce que cette statistique signifie : presque un salarié sur deux n'a pas la garantie de l'emploi et n'est pas couvert par le droit du licenciement, puisqu'il est tout simplement mis à la porte sans recours possible quand sa mission d'intérim s'interrompt, ou quand son contrat prend fin.

Terrible évolution ! En France, au début des années 1980, 9 emplois créés sur 10 étaient des contrats à durée indéterminée (CDI) ; cinquante ans plus tard, Amazon est aux avant-postes d'un combat en faveur d'une dérégulation historique des relations de travail.

Autre constat aussi alarmant : les salariés sont très nombreux à quitter l'entreprise. En 2021, dit le cabinet d'expertise, le taux de départ chez les ouvriers et les employés passe de 12 % à 28 %, les trois quarts de ces départs étant imputables à l'employeur.

Les rémunérations pratiquées par Amazon Logistics, le cœur stratégique de la firme, sont aussi désastreuses, selon Progexa : « Les embauches importantes de salariés en CDI en bas de l'échelle, auparavant moins visibles dans les effectifs du fait de l'intérim, ont eu pour effet de faire augmenter fortement la part des salariés internes qui touchent le salaire minimum dans l'entreprise. En 2021, ce sont plus d'un salarié sur quatre en CDI (28 %) qui touchent le salaire le plus bas chez Amazon, soit 1 650 euros brut mensuels. »

Il n'est pas besoin d'être un expert pour savoir ce que ces chiffres signifient : ils suggèrent que, avec Amazon, le travail ne protège pas de la pauvreté – ce qui, il y a deux ou trois décennies, était impensable en France. C'est l'innovation terrible de ce type de capitalisme : il enrichit, en haut de l'échelle, ses mandataires sociaux et plus encore ses actionnaires ; et en bas de l'échelle, il crée des « *working poors* » – des travailleurs pauvres.

Pour adoucir ce constat, pourrait-on penser pourtant qu'Amazon Logistics s'acclimate progressivement aux règles sociales françaises et conduit des politiques progressivement plus sociales ? Eh bien non ! C'est exactement l'inverse : « Sur les 4 dernières années, note par exemple l'étude, la part de salariés qui touchent ce salaire minimum [de 1 650 euros brut mensuels] n'a cessé d'augmenter. En 2018, seuls 7 % des salariés d'Amazon touchaient ce salaire minimum. En 2021, ils sont 28 %, soit 21 points de plus. »

Cette ultraflexibilité est la caractéristique majeure du comportement des géants du numérique. Que la conjoncture soit bonne ou mauvaise, il faut impérativement que les profits restent considérables ; l'emploi est donc la seule variable d'ajustement.

Ainsi ces grands oligopoles ont-ils connu une période d'expansion formidable de leurs activités au plus fort de la crise sanitaire, pendant laquelle ils ont embauché massivement. Explication simple : du fait du Covid-19 et des confinements décidés dans de nombreux pays, l'activité mondiale s'est fortement déplacée sur internet et les géants du numérique en ont profité à plein. Amazon a par exemple recruté plus de 800 000 employés supplémentaires dans le monde entre 2020 et 2021, et a donc doublé ses effectifs. Et les autres géants du numérique ont suivi cet exemple, mais de manière un peu plus prudente : durant la même période, Microsoft a ainsi embauché 58 000 salariés supplémentaires, Google 52 000, Meta (maison mère de Facebook) 27 000 et Apple 17 000.

Et pendant cette période, tous ces groupes ont continué d'afficher des profits insolents : 26,9 milliards de dollars par exemple dans le seul cas d'Amazon, pour les 12 mois s'achevant en mars 2021, soit 2 milliards de dollars de plus que les profits cumulés entre 2017 et 2019. En très forte hausse, le bénéfice de la firme a même atteint 37,7 milliards de dollars en 2022 (34 milliards d'euros).

À peine ces mêmes groupes ont-ils senti que la conjoncture se retournait, sous l'effet de la guerre en Ukraine et de l'inflation, les voilà qui ont aussitôt commencé à engager une purge sociale massive dans leurs effectifs. Dès le début de 2023, on a donc assisté à une rafale impressionnante de plans sociaux dans toutes ces firmes : 18 000 suppressions d'emplois chez Amazon dans le monde, 12 000 chez Google, 11 000 chez Meta, 10 000 chez Microsoft. Et sans doute n'était-ce que le début d'une saignée spectaculaire. Et tout cela pour préserver des profits toujours aussi colossaux. Commentaires du site spécialisé Les Numériques : « Par exemple, Google a vu son résultat net ressortir à 13,9 milliards de dollars au troisième trimestre [2022], tandis qu'Amazon a généré 2,9 milliards de dollars de profits et un chiffre d'affaires de 127,1 milliards sur la même période. On est donc davantage dans un réflexe d'optimisation des marges qu'une véritable opération sauvetage. »

Qu'il pleuve, qu'il vente ou qu'il fasse beau, ce capitalisme financiarisé est toujours ainsi : selon la célèbre formule de Karl Marx, il noie toutes choses « dans les eaux glacées du calcul égoïste ». Il embauche massivement, dans des formes d'emplois très précaires, quand cela lui sert ; et il débauche tout aussi massivement si c'est utile pour arrondir ses profits.

Si ce capitalisme-là est aussi dangereux, c'est enfin parce qu'il menace gravement les libertés publiques et les libertés individuelles. Pour bien prendre la mesure de ces menaces, il faut d'abord avoir à l'esprit la force de frappe démentielle de ces géants. Au début de 2022, la firme Apple a franchi la barre des 3 000 milliards de dollars de capitalisation boursière (plus de 2 600 milliards d'euros, soit plus à elle seule que le total de la valorisation boursière des 40 firmes françaises les plus puissantes, celles du CAC 40, 2 700 milliards de dollars). Et les autres GAFAM affichaient aussi des chiffres à couper le souffle : 2 500 milliards de dollars pour Microsoft, 1 900 milliards pour Google, 1 700 milliards pour Amazon, 935 milliards pour Meta-Facebook.

Au total, les géants du numérique affichaient donc une valorisation globale de plus de 10 000 milliards de dollars. Un chiffre vertigineux : par comparaison, les dépenses prévues par le budget de la France au cours de cette même année 2022 étaient de 445 milliards d'euros (471 milliards de dollars), plus de vingt fois inférieures. Ces chiffres traduisent donc une terrible réalité : ces groupes sont bel et bien des oligopoles planétaires, plus puissants que de nombreuses grandes démocraties. Et leurs dirigeants sont de véritables chefs d'État privés.

Même si un an plus tard, au début de 2023, du fait du ralentissement mondial, les géants américains des nouvelles technologies ont perdu près de 1500 milliards de dollars de valorisation, on ne peut s'empêcher de soulever la question majeure : d'où vient cette puissance financière sans précédent dans l'histoire du capitalisme dont jouissent les GAFAM ? On connaît malheureusement la réponse : de l'intrusion, par mille moyens, dans les données personnelles de leurs clients ou de leurs utilisateurs ; de l'exploitation massive de ces données, pour capter tous les marchés publicitaires ; de leur situation de monopole qui leur concède une situation de rente planétaire. En quelque sorte, Big Brother a gagné : il contrôle nos vies, nous surveille, et en tire des profits qui dépassent l'entendement. Et cette situation de domination sans partage, on en connaît le résultat : elle a conduit à une situation de colonisation numérique du monde entier. Sans réel garde-fou.

Encore faut-il dire que ces dangers sont d'autant plus graves que les géants américains du numérique ne sont pas les seuls prédateurs. Dans ce paysage inquiétant, il faut aussi faire figurer la sulfureuse société chinoise Huawei ou la tout aussi controversée plateforme chinoise TikTok.

Une situation de colonisation dont on peine à mesurer tous les ravages démocratiques. Dans un livre intitulé *Internet et libertés* (Vuibert, 2022), quatre militants de la très pugnace association La Quadrature du Net (Mathieu Labonde, Lou Malhuret, Benoît Piédallu et Axel Simon) donnent quelques illustrations – parmi d'innombrables autres – des dommages démocratiques causés par le système qui a vu le jour : « En 2013, l'Université de Cambridge a conduit l'étude suivante : 58000 personnes ont répondu à un test de personnalité, puis ce test a été recoupé à tous leurs "j'aime" laissés sur Facebook. En repartant de leurs seuls "j'aime", l'université a ensuite pu estimer leur couleur de peau (avec 95 %

de justesse), leur orientation politique (85 %) et leurs préférences sexuelles (88 %), leur confession religieuse (82 %), s'ils fumaient (73 %), buvaient (70 %) ou consommaient de la drogue (65 %). Cette démonstration a permis de mettre en lumière le fonctionnement profond de l'analyse de masse : quand beaucoup d'informations peuvent être recoupées sur un très grand nombre de personnes (plus de 2 milliards pour Facebook), de très nombreuses corrélations apparaissent, donnant l'espoir, fondé ou non, de révéler le détail de la personnalité de chaque individu. »

Et de ce système, on comprend donc les implications gravissimes. Il y a d'abord les implications commerciales et publicitaires. « Une fois que l'entreprise s'est fait une idée si précise de qui nous sommes, de nos vies, de nos craintes, de notre mode de vie et de nos faiblesses, la voie est libre pour nous proposer ses messages au bon moment et sous le bon format, quand ils sont les plus à même d'influencer notre volonté », ajoutent les auteurs du livre. En clair, beaucoup de ces géants d'internet, vivant de la publicité qu'ils captent par l'exploitation des données de leurs utilisateurs, mettent en pratique ce terrible adage : « Quand c'est gratuit, c'est que vous êtes la marchandise… »

Mais il y a des conséquences encore plus funestes, qui vont jusqu'à la manipulation politique et au lobbying pour tenter de fausser une élection. Et c'est cette même université de Cambridge qui en est une illustration. Car c'est la méthode développée par cette université qui a donné naissance, plus tard, à l'officine Cambridge Analytica, laquelle a siphonné à partir de 2014 les données personnelles de près de 87 millions d'utilisateurs de Facebook et les a exploitées pour ciseler des messages sur mesure en faveur du Brexit en Grande-Bretagne, ou en faveur de Donald Trump lors de l'élection présidentielle américaine de 2016. Cambridge Analytica a d'ailleurs eu à son conseil d'administration Steve Bannon, le conseiller d'extrême droite de Donald Trump, qui par la suite a fait campagne en Europe pour tous les partis d'extrême droite, à commencer par le Rassemblement national de Marine Le Pen. Les méfaits de l'officine ont finalement été mis au jour par plusieurs médias anglo-saxons, dont le *New York Times*, grâce aux révélations d'un lanceur d'alerte, Christopher Wylie, qui était l'ancien directeur de la recherche chez Cambridge Analytica.

Ces exemples sont bien sûr extrêmes, mais ils sont révélateurs : ils soulignent le caractère très pernicieux de ce système de collecte généralisée de données dont vivent les géants du numérique. Même policé, même régulé, le système fait des citoyens des marchandises hautement rentables qu'il faut influencer. C'est le danger que génèrent ces oligopoles : ils nous font basculer dans une société de surveillance ou d'influence. De mille manières, subliminales le plus souvent, ils pèsent sur notre liberté de penser ou biaisent notre liberté de choix.

On peut certes observer que, face à ces dangers, l'Union européenne n'est pas restée inerte. Elle a, en particulier, instauré en 2016 un Règlement général sur la protection des données (RGPD), puis elle a promu en 2002 le Digital Services Act (DSA). Autrement dit, elle a soumis les géants du numérique à de nouvelles règles, les obligeant à réprimer les désinformations ou les discours haineux, leur interdisant pour les publicités ciblées d'exploiter les données les plus sensibles de leurs utilisateurs (genre, sympathie politique, appartenance religieuse…), ou les astreignant à des procédures transparentes, comme la publication des principaux paramètres utilisés par les systèmes de recommandation.

On peut aussi observer les condamnations ou sanctions innombrables qui ont été infligées par les instances européennes, ou en France par la Commission nationale de l'informatique et des libertés (CNIL), contre les GAFAM. La CNIL a par exemple infligé début 2019 une très lourde amende de 50 millions d'euros à Google pour avoir violé certaines dispositions du RGPD, notamment en n'informant pas les utilisateurs de son système Android de l'usage qui était fait de leurs données personnelles – amende confirmée en juin 2020 par le Conseil d'État. Fin décembre 2021, rebelote : la CNIL sanctionne encore Google pour un montant total de 150 millions d'euros (90 millions pour Google LLC et 60 millions pour Google Ireland Limited) parce qu'il n'était pas permis aux utilisateurs de google.fr et de youtube.com de refuser les cookies aussi facilement que de les accepter.

À l'échelle européenne, c'est aussi une pluie d'amendes qui est tombée sur les géants du numérique. Dans le seul cas de Google, qui capte près de 90 % des requêtes sur internet et qui a donc une domination sans partage sur le marché mondial publicitaire, l'Union européenne a lancé trois enquêtes depuis 2010 et infligé à l'oligopole à peine moins de 10 milliards d'euros d'amende, dont une amende de 1,5 milliard d'euros sanctionnant les pratiques anticoncurrentielles de sa régie publicitaire AdSense ; ou encore 4,3 milliards d'euros en juillet 2018 pour s'être servi du système d'exploitation de son téléphone mobile Android pour en faire un « véhicule pour consolider la position dominante de son moteur de recherche » – en clair pour abus de position dominante ; ou enfin 2,42 milliards d'euros d'amendes en juin 2017 pour une autre affaire d'abus de position dominante profitant cette fois à son comparateur de prix Google Shopping.

Les autres géants du numérique ont, eux aussi, ramassé des sanctions à la pelle : 13 milliards d'euros pour Apple en paiement d'impôt en août 2016 au profit de l'Irlande ; 746 millions d'euros d'amende infligée en juillet 2021 par le régulateur luxembourgeois à Amazon pour non-respect de la protection des données ; 899 millions d'euros d'amendes pour Microsoft en 2008 pour abus de position dominante ; 110 millions d'euros à Facebook pour avoir fourni à la Commission européenne des données inexactes lors de l'enquête sur le rachat de WhatsApp, etc.

Il n'empêche ! Même un peu plus policé et moins voyou, même mille fois rappelé à l'ordre et à chaque fois sanctionné, Big Brother reste Big Brother : un danger pour la démocratie, tant il est puissant, tant il est intrusif et pèse sur nos vies et sur nos choix sans même que nous puissions nous en rendre compte. Dans ses divers travaux, c'est ce qu'a formidablement bien établi le sociologue Dominique Cardon. À l'origine d'internet, il y a une formidable promesse démocratique : « Internet est surtout né de la rencontre entre la contre-culture américaine et l'esprit méritocratique de la recherche », dit-il dans son ouvrage sur *La Démocratie Internet* (Seuil, 2010). Mais Cardon relève avec pertinence que ces « idéaux contre-culturels des pionniers n'étaient jamais très éloignés d'un simple laisser-faire libéral ». « Certains des gourous des communautés libertaires ont activement soutenu la libération des marchés, fidèles à leur détestation des pouvoirs et des contraintes réglementaires. Cette "idéologie californienne" a donné une impulsion décisive à la dynamique des start-up de la "nouvelle économie", qui s'est effondrée en Bourse au printemps 2000 », ajoute-t-il.

L'inspiration libérale et égalitaire qui a présidé à la naissance du web a donc progressivement été pervertie par les géants du numérique qui en ont pris le contrôle et l'ont transformée en son exact contraire : un système généralisé de prise de contrôle des données personnelles ; un outil d'asservissement transformant les citoyens en marchandises…

Les conséquences de cette transformation du web par les géants qui en ont pris le contrôle vont même très au-delà d'une simple marchandisation, car – c'est l'apport majeur de Dominique Cardon – les algorithmes qui sont à l'œuvre sont porteurs d'une vision très politique de la société : « La richesse du web est d'avoir su faire exister, sous les contenus dominants, un espace intermédiaire où il est permis de partager et de discuter des sujets qui circulaient très mal dans l'espace public. Jürgen Habermas a montré comment l'espace public de la raison né au XVIIIe siècle s'est "reféodalisé" dans la seconde moitié du XIXe siècle sous l'effet des intérêts commerciaux et de la massification de la "presse à un penny". L'espace public de l'internet est aujourd'hui soumis à un même risque de "reféodalisation". Les logiques marchandes de l'audience imposent de plus en plus leur hiérarchie aux têtes de classement, écrasent la diversité du web et risquent de corrompre les outils de recommandation sociale qui permettent de faire circuler les contenus moins bien classés. »

Conclusion de Cardon : « Il faut souhaiter qu'une analyse critique des algorithmes se développe, afin de maintenir en vie la "longue traîne" des contenus à faible audience, le phénomène le plus radicalement démocratique de l'internet qui a depuis longtemps disparu dans l'espace public traditionnel. »

Il faut donc prendre l'exacte mesure du basculement de capitalisme que la France, et l'Europe continentale avec elle, ont vécu en trois petites décennies - basculement que les transformations du web ont fortement accéléré.

Au lendemain de la Seconde Guerre mondiale, quand commencent les Trente Glorieuses, c'est une forme de capitalisme tempéré qui domine en Europe continentale - on l'a souvent appelé le capitalisme rhénan, par allusion au modèle qui prend forme en Allemagne au moment où les socialistes du SPD abjurent le marxisme, en 1959, et se convertissent à l'économie de marché, ou plus précisément à l'économie sociale de marché. Ce capitalisme-là est adossé à des systèmes de régulation sociale forte (Sécurité sociale, assurance-chômage) et vit sur un compromis entre le capital et le travail. Ce compromis évolue, au gré des rapports de force, mais pour les salariés, il y a souvent « *du grain à moudre* », selon la formule célèbre d'André Bergeron, l'ancien leader de Force ouvrière.

Dans le courant des années 1980, sous les effets de la violente vague néolibérale partie des États-Unis et de Grande-Bretagne, à l'époque de Reagan et de Thatcher, le capitalisme rhénan a progressivement cédé la place à un modèle de capitalisme beaucoup plus agressif, assurant la suprématie - si ce n'est la tyrannie - du capital sur le travail. On connaît malheureusement trop bien les caractéristiques les plus sulfureuses de ce capitalisme financiarisé : nourri par une vague sans précédent de privatisations, y compris des biens et services publics les plus essentiels, il a apporté aux actionnaires et à ceux qui les servent des dividendes et des rémunérations sans précédent ; et en bas de l'échelle sociale, il a généré des nouvelles hordes de travailleurs pauvres - les « working poors » -, et des inégalités nouvelles de plus en plus insupportables.

Et enfin, dans le courant des années 1990 et 2000, sous les effets de la montée en puissance des géants du numérique, ce capitalisme financiarisé a pris encore de nouvelles caractéristiques. Sans doute est-ce Cédric Durand qui a le mieux défini ce qu'étaient ces caractéristiques, en disant qu'elles étaient celles d'un « techno-féodalisme » – formule qui est aussi le titre de son ouvrage sur le sujet (Zones, 2020) et qui rejoint l'analyse de Cardon.

Tout l'intérêt de la thèse – ou plutôt de l'hypothèse – de l'économiste, c'est qu'il ne se borne pas à dénoncer les excès ou les dérives des GAFAM, dans une critique qui serait d'ordre moral. Il cherche plutôt à définir l'économie politique du système que les géants du numérique ont progressivement instauré : un système assez proche du servage, puisqu'il instaure des relations de dépendance au lieu des relations de concurrence qui prévalaient jusque-là ; puisqu'il « fait prévaloir la prédation sur la production ». Voici le commentaire de Mediapart (4 octobre 2020), à l'occasion d'un entretien avec l'auteur : « Le lien entre les multinationales du numérique et la population est celui de la classe seigneuriale avec les serfs, et leur comportement productif relève davantage de la prédation féodale que de la concurrence capitaliste. »

Mediapart poursuit, décryptant de la sorte le travail de l'économiste : « Tout commence avec le modèle économique commun à tous les acteurs de l'économie numérique : l'utilisation des données et leur traitement par des algorithmes qui gagnent en précision à mesure que les données sont plus nombreuses [...]. Cette logique d'expansion dirige tout et fait rapidement disparaître le rêve hippie dont est issue l'idéologie californienne. La gouvernance algorithmique cherche à produire en permanence du prévisible et, pour ce faire, elle enserre l'individu "dans un monde d'où l'on ne s'échappe pas". On retrouve là l'idée du "capitalisme de surveillance" de Shoshana Zuboff, mais Cédric Durand va plus loin : "Ce qu'il s'agit de capturer, ce ne sont pas fondamentalement les données elles-mêmes, mais bien ce qu'elles recèlent de puissance sociale." Autrement dit, en possédant des données, on ne se contente pas de les lire, on les exploite pour créer un au-delà, de nouveaux "services", de nouveaux produits, de nouvelles dépendances. C'est ce phénomène qui permet d'utiliser la puissance collective pour la rendre sous forme de pouvoir. Et c'est bien ici que l'on retrouve la question du féodalisme. Les plateformes deviennent des fiefs, non seulement parce qu'elles vivent de leur "territoire numérique" peuplé de données, mais aussi parce qu'elles exercent un verrouillage du pouvoir sur des services qui, parce qu'elles sont précisément issues de la puissance sociale, sont désormais jugés indispensables. »

« Les services que nous vendent ces entreprises consistent pour l'essentiel à retourner notre puissance collective en information adaptée et pertinente pour chacun d'entre nous et, de la sorte, à attacher notre existence à leurs services », résume Cédric Durand. Là commence le servage.

Il faut donc regarder les choses en face : loin de l'imposture macronienne de la « start-up nation », supposée reposer sur une économie dynamique riche en innovations, ce capitalisme numérique est dangereux. Il cumule les inégalités du capitalisme financier néolibéral et celles des nouveaux liens de dépendance organisés par ces oligopoles. Il est dangereux pour l'économie puisqu'il instaure des situations généralisées d'abus de position dominante ; c'est une menace pour le modèle social, qu'il ne cesse de combattre ; et c'est une menace pour nos libertés les plus fondamentales, dont la liberté de la presse et la liberté d'opinion.

Mais qui sonne le tocsin ? Malheureusement pas grand-monde ! Ici où là, il y a certes des voix qui s'élèvent pour dénoncer le système Amazon et ce qu'il symbolise. En mars 2023, l'humoriste Blanche Gardin s'est par exemple distinguée en révélant sur sa page Facebook qu'elle refusait d'empocher 200 000 euros pour une journée de travail, afin de participer au jeu *LOL : Qui rit sort !* diffusé sur la plateforme Prime Video de la firme. Et elle a justifié son refus de la meilleure des façons : « Oui, ça me gêne de toucher, pour 8 heures de travail, cette somme affolante de la part d'une entreprise qui : – Ne paye pas ses impôts en France et bénéficie même d'1 milliard d'euros de crédit d'impôts alors qu'elle fait 50 milliards d'euros de chiffre d'affaires ; – Qui émet 55,8 millions de tonnes de gaz à effet de serre par an (soit l'équivalent des émissions du Portugal) seulement avec ses data centers, sans parler des milliers de camions, d'avions... ; – Qui utilise la main-d'œuvre des camps de concentration ouïghours ; – Qui détruit les emplois du petit commerce et toute la vie sociale qui va avec ; – Que les emplois qu'elle crée en en détruisant d'autres sont des emplois éreintant dans des entrepôts déshumanisés, où on traite les employés comme des robots qu'on essore en leur mettant une pression folle avec des cadences infernales et qu'on empêche de se syndiquer... »

Et l'humoriste d'ajouter – mais ce n'est vraiment pas de l'humour : « D'autre part, en tant qu'actrice et auteure de films, je caresse le rêve un peu fou que mes futurs projets puissent sortir dans une salle de cinéma. J'ai bien conscience que le niveau de dissonance cognitive est très élevé à notre époque, mais vous conviendrez que faire de la publicité pour votre plateforme (puisque c'est de cela qu'il s'agit je crois) reviendrait à me tirer une balle dans le pied. Je n'ai pas envie que dans dix ans plus personne n'aille au cinéma et qu'on soit tous en train de mater des séries sur le canap' en se faisant livrer des burgers par des sans-papiers qui pédalent sous la pluie. »

Mais, mises à part quelques prises de position courageuses de ce type, combien de lâchetés ? Combien de complicités ?

CHAPITRE 2. AMAZON EN GUERRE CONTRE LE LIVRE

C'est un paradoxe du débat français. Des menaces qui pèsent sur la liberté de la presse, il est fréquemment question, du fait des rachats en cascade des grands médias français par une poignée de milliardaires, comme du fait d'une multiplication de lois liberticides récentes. Mais des menaces qui pèsent sur la liberté de l'édition et du livre, on parle beaucoup moins souvent. Tout juste le sujet a-t-il été parfois évoqué, ici ou là, du fait de la personnalité du milliardaire Vincent Bolloré, qui a pris ces dernières années dans l'édition française un poids considérable, et des projets de censure, réels ou supposés, qu'on a pu lui prêter.

Il faut pourtant dire les choses telles qu'elles sont : c'est une époque de tourmente sans précédent que vit actuellement le secteur du livre, pris en étau par une double menace. D'une part, celle que font peser sur lui une poignée de milliardaires, encore eux, qui se disputent le contrôle des plus grandes maisons ; d'autre part, celle que fait peser sur lui Amazon, devenu le premier distributeur et le premier libraire français. Il y a de ce point de vue une alliance qui résume bien ce qu'est devenu le capitalisme français : les puissances d'argent qui contrôlent l'édition et le livre marchent main dans la main avec Amazon, de la même façon que les milliardaires qui contrôlent la presse française – ce sont d'ailleurs souvent les mêmes –, ont aussi noué une formidable entente avec Google ou Facebook.

Cette Sainte-Alliance réactionnaire en vue de faire du livre une banale marchandise, ne rassemble d'ailleurs pas qu'Amazon et les puissances d'argent françaises. Emmanuel Macron la soutient lui aussi autant qu'il peut. Preuve symbolique : le 16 février 2023, jour de la cinquième journée de mobilisation nationale contre la réforme des retraites, il a discrètement remis à l'Élysée les insignes de chevalier de la Légion d'honneur à Jeff Bezos, le patron d'Amazon, qui est aussi la troisième fortune mondiale (119 milliards de dollars). Ce qui lui a valu une avalanche de critiques des ténors de la gauche : « Après avoir décoré le boucher #MBS [Mohammed ben Salmane, le prince héritier saoudien] qui assassine des journalistes, #Macron décore maintenant de la Légion d'honneur Jeff Bezos, champion de l'évasion fiscale, saccageur d'emplois et de la nature. Plus que jamais le président des riches ! » a par exemple relevé le député insoumis Bastien Lachaud.

Mais le Syndicat de la librairie française a, lui aussi, dit à bon droit son indignation, dans une lettre adressée à Emmanuel Macron. « Loin d'être rétrograde, notre profession figure parmi les plus avancées du commerce en matière de présence sur internet, avec plus de 1 500 sites de réservation et de vente. Nous avons investi dans ces outils, encore davantage depuis la crise sanitaire, malgré le “dumping” déloyal d'Amazon sur les frais de port. Avec un soutien apporté au plus haut niveau au leader de la vente en ligne, nous mesurons autrement la difficulté à faire aboutir une régulation véritablement efficace de la concurrence sur ce sujet et de manière plus générale, entre les commerces physiques et les "pure players". »

Dans le cas de l'édition, que l'on observe bien, en effet, ce qui s'est passé ces dernières années. Des grandes manœuvres capitalistiques dans le secteur du livre, il n'y a cessé d'en avoir depuis de très longues décennies. Dans une logique industrielle, d'innombrables concentrations ont ainsi eu lieu tout au long du siècle dernier et jusqu'à la fin des années 1990, Hachette étant le champion toutes catégories des rachats en cascade. Mais ensuite, pour des raisons financières ou idéologiques, le grand Meccano s'est encore accéléré.

Pour en prendre la mesure, il suffit d'observer le bal incessant des opérations financières dans le secteur du livre, établi par Jean-Yves Mollier dans sa *Brève histoire de la concentration dans le monde du livre* (Libertalia, 2022) : vente en 2000 au groupe italien Rizzoli Corriere della Sera (RCS) de Flammarion, l'un des derniers et des plus importants groupes d'édition indépendants français ; rachat en 2002 par Jean-Luc Lagardère de Vivendi Universal Publishing, bientôt rebaptisé Editis ; rachat en 2004 du Seuil par La Martinière ; nouvelle partie de ping-pong en 2008 au détriment d'Editis, qui est racheté par le groupe espagnol Planeta ; nouvelle partie également en 2012 au détriment de Flammarion qui est cette fois racheté par Gallimard ; rachat en 2017 de La Martinière-Le Seuil par Média-Participations, un groupe étiqueté catholique de droite ; nouvelle vente en 2018 d'Editis, qui repasse sous le contrôle de Vivendi, groupe lui-même contrôlé par le milliardaire Vincent Bolloré ; rachat en 2020 par le même Bolloré, via Vivendi, de 20 % du capital de Lagardère, et annonce d'une OPA sur le conglomérat, susceptible de lui donner le contrôle sur Hachette ; tractations en 2022-2023 conduites toujours par Bolloré pour céder Editis au milliardaire tchèque Daniel Kretinsky afin de pouvoir conserver Hachette avec le feu vert des autorités de la concurrence… Les opérations, qui ne sont pas toutes recensées ici, sont si nombreuses qu'elles donnent le tournis. À croire que le capitalisme de l'édition est devenu totalement fou.

La géographie de l'industrie du livre a donc été totalement bouleversée au cours de ces dernières années, avec le résultat que l'on sait : comme la presse, l'édition est devenue le jouet de puissances d'argent inquiétantes. Les grandes manœuvres initiées au début de 2023 par Vincent Bolloré sont de ce point de vue très éclairantes. Sachant que Bruxelles n'accepterait pas, au nom de la concurrence, qu'il garde le contrôle d'Editis et d'Hachette, les deux géants français de l'édition, Bolloré cherche initialement à organiser une vraie-fausse vente d'une partie d'Editis à des groupes financiers qui lui sont proches.

Un montage est alors organisé. Un trio d'homme d'affaires se met sur les rangs pour prendre ensemble le contrôle d'Editis. Il est composé de Stéphane Courbit (patron de Lov Groupe), de Daniel Kretinsky (le milliardaire tchèque qui a fait intrusion dans le capital de nombreux médias français) et du milliardaire catholique Pierre-Édouard Stérin. Singularité du montage : Bolloré est lié au trio, financièrement et idéologiquement, de nombreuses manières. Via Vivendi, il contrôle en effet 19,6 % du capital de FL Entertainment, la holding de tête de l'empire de Courbit, qui englobe aussi des sociétés aussi importantes que Banijay ou Betclic. Courbit et Bolloré sont d'ailleurs des amis proches, de très longue date : c'est l'entremetteur du capitalisme parisien, Alain Minc, qui les a mis il y a longtemps en contact, en même temps qu'il leur a fait connaître Sarkozy, et depuis, ils font partie du même réseau dans la vie des affaires parisienne.

Quant à Pierre-Édouard Stérin, il défend depuis longtemps des idées de droite radicale très proches de celles de Vincent Bolloré. Stérin figure ainsi parmi les premiers soutiens du chroniqueur d'extrême droite Éric Zemmour, qui a pris son envol sur la chaîne CNews de Bolloré. Il a aussi apporté des financements au parc du Puy du Fou, contrôlé par la famille d'extrême droite de Philippe de Villiers ou encore cofinancé un long métrage sur les Chouans en Vendée. « Passer des mains de Bolloré à celles d'un soutien du Puy du Fou et de Zemmour, il y a de quoi avoir peur de l'avenir », commente un salarié d'Editis, cité par *Le Monde* (16 février 2023).

On sait ce qu'il en est finalement advenu : pour obtenir le feu vert de Bruxelles à sa prise de contrôle d'Hachette, Bolloré est contraint de vendre 100 % d'Editis à un groupe avec lequel il n'a pas d'attache. À la mi-mars 2023, Vivendi annonce donc qu'il entre en négociation exclusive avec le milliardaire tchèque Daniel Kretinsky pour lui vendre le numéro deux de l'édition française. Toute la saga d'Editis en dit donc très long sur le naufrage de l'édition française, malmenée par des milliardaires, dont certains ne cachent pas leurs attaches avec l'extrême droite.

La prise de contrôle d'Editis par le milliardaire tchèque est, à elle seule, révélatrice des pratiques de ce capitalisme prédateur, qui dispose de pouvoirs tentaculaires et qui se moque des conflits d'intérêts. Déjà actionnaire minoritaire du groupe Le Monde, Daniel Kretinsky a aussi croqué tous les magazines de l'ex-empire Lagardère ainsi que le magazine *Marianne*. Par surcroît, il a annoncé en mars 2023 qu'il avait pris le contrôle de 25 % de l'immense conglomérat Fnac-Darty, ce qui fait de lui le premier actionnaire de ce groupe. Or la Fnac est le plus gros vendeur de livres en France, derrière Amazon. Mais c'est aussi le premier client d'Interforum, la filiale de distribution… d'Editis. Concentration horizontale, concentration verticale : ce capitalisme se permet tout, et abîme tout. Et il dessine en bout de course un paysage de l'édition qui fait penser au méchant sobriquet dont était affublé le groupe Hachette pendant l'entre-deux-guerres : la pieuvre verte.

Et si ces opérations paraissent vertigineuses, ce n'est pas seulement parce qu'elles interviennent à un rythme insensé. C'est aussi parce qu'elles créent un écosystème mortifère qui abîme le livre – comme il abîme la presse – et qui tire tous les contenus éditoriaux vers le bas et parfois même vers l'édition *trash*. C'est le fondateur d'Agone et auteur de *La Trahison des éditeurs* (Agone, 2017), Thierry Discepolo, qui a le mieux décrit les effets ravageurs de ce capitalisme de l'édition, qui se moque de la surproduction qu'il crée. « Emblématique du stade industriel de l'"édition sans éditeur", la surproduction, explique-t-il, entre dans une stratégie de saturation et d'occupation du terrain : déverser sur les librairies et médias la plus grosse vague de titres possible pour tenter de repousser la marée concurrente tout en suivant ceux (déjà choisis) qui vont surfer et en poussant ceux (déjà choisis) vers un prix littéraire ou un autre pour booster les ventes – notamment en supermarchés. »

Et ce système débouche sur ce que l'on devine et que pointe Thierry Discepolo : « une dissolution des thèmes, des contenus et de la critique », autrement dit sur la « redéfinition du livre en marchandise et de l'écrivain en produit d'appel ».

Mais on aurait tort de ne s'inquiéter que de la normalisation éditoriale induite par ce capitalisme de l'édition, par cette marchandisation généralisée de la culture. Il faut aussi mesurer que certaines des puissances d'argent qui jouent avec ces maisons d'édition s'affichent pour ce qu'elles sont et ne craignent plus de montrer qu'elles mènent un combat ouvertement politico-idéologique. Le cas le plus emblématique de cette intrusion dans la vie éditoriale de la presse et du livre est évidemment le même milliardaire Vincent Bolloré qui, après avoir organisé des censures dans plusieurs médias passés sous son contrôle, à commencer par Canal+, ou mis en orbite une chaîne de télévision, CNews, faisant campagne sur toutes les thématiques rances ou xénophobes de l'extrême droite, a fait aussi comprendre que l'immense empire qu'il contrôle désormais dans l'édition serait logé à la même enseigne.

Et de la parole aux actes ! En septembre 2022, le groupe Editis, à l'époque toujours contrôlé par Bolloré, a suspendu la publication d'un livre coécrit par l'humoriste Guillaume Meurice au motif que plusieurs passages pourraient être jugés diffamatoires, notamment par... Bolloré lui-même !

La prise de contrôle par Bolloré du géant de l'édition Hachette fait donc peser sur la liberté de l'édition une menace gravissime. Mais, paradoxalement, l'opération n'a fait que peu de vagues. Si la prise de contrôle du *JDD* par le milliardaire a déclenché une tempête politique, la prise de contrôle d'Hachette, potentiellement beaucoup plus inquiétante compte tenu de l'importance du groupe, n'a pas suscité la moindre mobilisation. Alors que tous les citoyens attachés aux libertés publiques sont en droit d'avoir froid dans le dos, tant l'homme d'affaires réactionnaire organise un maillage impressionnant dans des secteurs très vastes de l'information et de la culture.

Or si l'avenir du livre apparaît particulièrement sombre, c'est parce que la menace des puissances d'argent n'est pas la seule : il est aussi la proie des géants du numérique. Et ce qui est très inquiétant sur ce second front, c'est que les grands éditeurs français, pour l'essentiel contrôlés par ces puissances d'argent, n'y voient rien à redire – ils sont même consentants ; et il n'y a guère que les libraires indépendants pour s'alarmer de ces évolutions.

Pour qui ne connaît pas l'univers du livre, le constat pourrait certes couler de source : des éditeurs jusqu'aux libraires, tous ses principaux acteurs semblent avoir un point de vue assez voisin sur Amazon, qui a fait irruption depuis bientôt trois décennies dans ce secteur économique si particulier. Tous s'en défient, même si certains manifestent leur hostilité plus bruyamment que d'autres ; mais tous se réjouissent aussi que le géant américain de la distribution en ligne, aussi menaçant soit-il, ne soit pas parvenu à ébranler le système du prix unique du livre, issu de la loi Lang de 1981, qui protège la création littéraire, comme il protège les libraires indépendants.

Et pourtant, ce constat d'une vision partagée des professions du livre est erroné. L'univers du livre vit aujourd'hui en France une véritable tourmente, qui par bien des traits ressemble à celle qui déstabilise la presse. Sous les effets d'une formidable concentration impulsée par Vincent Bolloré avec la complicité de l'État, et sous les effets de la politique de *dumping* conduite par Amazon, le monde des livres est aujourd'hui en grave danger. Et le plus étonnant de l'histoire, c'est que les différentes professions de la filière, contrairement à ce que l'on pourrait croire, ne font pas front commun contre les dangers auxquels elles font face.

C'est même exactement l'inverse. Si, contre le danger Amazon, les libraires sont entrés en rébellion et ont remporté ces dernières années des victoires (fragiles), avec notamment le vote en octobre 2021 par le Parlement de la proposition de loi portée par la sénatrice (LR) Laure Darcos et soutenue par la ministre de la Culture Roselyne Bachelot, qui interdit (mollement) les pratiques de *dumping* dans les frais d'envoi des livres, le monde des éditeurs est beaucoup plus ambigu, quand il n'est pas complice.

Quelques très rares éditeurs indépendants, petits, mais courageux, sont aussi entrés en guerre contre le géant américain, dénonçant le modèle économique et social qu'il incarne ainsi que les valeurs qu'il porte ; mais les plus grands noms de l'édition française s'accommodent du nouveau système, qui a fait d'Amazon leur premier distributeur et premier libraire.

La pugnacité de la plupart des libraires, notamment des indépendants, et l'hypocrisie des éditeurs, notamment des plus grands : voici, en résumé, les paramètres qu'Amazon doit prendre en compte dans sa stratégie d'expansion.

Du côté des libraires, il n'y a, de fait, pas de points de vue discordants. Tous sont en guerre contre Amazon, à qui ils font grief d'essayer constamment de remettre en cause de mille manières le système du prix unique du livre, instauré en 1981, et auquel la profession tient comme à la prunelle de ses yeux.

Il suffit pour s'en convaincre d'observer comment le Syndicat de la librairie française (SLF) a célébré avec enthousiasme, dans le courant de l'été 2021, les 40 ans de la loi Lang. « Le prix unique du livre a été instauré en France en 1981 pour défendre l'édition "de création" face aux politiques de prix bas de la grande distribution et grâce au maintien d'un réseau de librairies. Quarante ans plus tard, les bienfaits du prix unique du livre ne sont plus à démontrer », résumait le syndicat professionnel, dans un volumineux dossier consacré à l'événement.

En clair, le système a garanti la richesse et le pluralisme éditorial, et le maintien d'un réseau de libraires, connaissant les livres et capables de conseiller leurs clients, face aux appétits de plus en plus menaçants d'abord de la grande distribution française, puis du géant américain Amazon, qui s'installe en France en 2000, et qui ne cesse les années suivantes de prendre de l'ampleur, au point de devenir en 2016 le premier distributeur en France pour les produits non alimentaires.

Mais tout au long de ces années, Amazon conduit une guerre, tantôt larvée, tantôt ouverte, contre ce système de concurrence équilibrée que représente le prix unique du livre, suscitant une inquiétude croissante parmi les libraires. Car c'est cela, le cœur de la stratégie d'Amazon : pratiquer une politique agressive de *dumping*, pousser les prix le plus bas possible, pour devenir l'acteur dominant du secteur sur lequel il a jeté son dévolu.

En juin 2008, première grande offensive : deux amendements au projet de loi de modernisation de l'économie, inspirés en sous-main par Amazon, sont déposés. Comme le raconte à l'époque le magazine *Challenges* (13 juin 2008), le premier propose d'autoriser « les détaillants à pratiquer des soldes (c'est-à-dire des rabais supérieurs à la limite autorisée de 5 %) au bout d'un an, contre deux actuellement ». Et un second suggère de ramener le délai à seulement six mois.

En clair, les deux amendements visent à dynamiter le prix unique du livre, sauf pour les nouveautés, et encore seulement pour une période très courte. Explosive, la proposition déchaîne la polémique, car tout le monde comprend que c'est Amazon qui est à la manœuvre, dans le but de faire sauter la loi. Peine perdue ! Cette fois, le stratagème échoue et les amendements finissent à la poubelle.

Défait sur ce front, Amazon engage une autre offensive, celle des frais de port des livres, ce qui est un autre moyen de contourner le prix unique du livre, en cassant les prix de transport dans des proportions telles que les libraires, et au premier chef les libraires indépendants, se trouvent confrontés à une concurrence déloyale et perdent chaque année des parts de marché. Une stratégie qui en dit long sur les pratiques de harcèlement de la multinationale américaine : puisque dans l'économie du livre, le seul domaine qui reste en dehors de la réglementation est celui du transport, Amazon, dont c'est précisément la spécialité, s'engouffre aussitôt dans cette brèche.

C'est au début des années 2010 que cette concurrence déloyale sur les frais de transport s'exacerbe : les grandes plateformes de ventes par internet – Amazon, mais d'autres aussi – proposent à leurs clients des livres bénéficiant de la décote légale de 5 %, mais aussi d'un envoi gratuit. À l'époque, les libraires s'insurgent de nouveau et le Parlement finit en 2014 par voter une autre loi « encadrant les conditions de la vente à distance des livres et habilitant le gouvernement à modifier par ordonnance les dispositions du code de la propriété intellectuelle relatives au contrat d'édition ». Concrètement, le législateur entérine alors une double mesure : d'une part, l'interdiction de pratiquer la décote de 5 % ; d'autre part, l'interdiction de la gratuité des frais de port.

Qu'à cela ne tienne ! Puisque la loi interdit le port gratuit, Amazon décide peu après de facturer l'envoi d'un livre pour... seulement un euro, quand le prix d'acheminement moyen pour un libraire indépendant est en moyenne de 6,80 euros !

Et le plus stupéfiant, c'est qu'Amazon reçoit l'appui de La Poste, qui est pourtant supposée être une entreprise publique et qui à ce titre devrait être soucieuse de l'intérêt général. Devenant assez vite le premier client de La Poste, Amazon obtient d'elle des conditions tarifaires très avantageuses. Si le contrat qui lie les deux entreprises n'a jamais été rendu public – ce qui est choquant –, on sait malgré tout qu'il repose sur un système s'apparentant à une licence forfaitaire annuelle, et non sur une tarification indexée sur les expéditions.

À peine votée, la loi de 2014 n'a donc plus aucun effet ; et Amazon continue de gagner des parts de marché, au détriment des libraires, et tout particulièrement des libraires indépendants. C'est donc dans ce contexte très inquiétant que, dans le courant de 2021, la sénatrice (LR) Laure Darcos dépose une proposition de loi pour interdire les pratiques de *dumping* dans les frais d'envoi des livres et instaurer un prix plancher, défini en concertation par les ministères de l'Économie, de la Culture et l'Autorité de régulation des communications électroniques (Arcep).

Il suffit de lire les deux rapports parlementaires qui sont réalisés, l'un à l'Assemblée nationale, l'autre au Sénat, afin de préparer l'examen de cette proposition de loi, pour comprendre la gravité de la situation, en même temps que les effets sur les librairies indépendantes de l'offensive ininterrompue conduite par Amazon. « Aux dires de certains, constate le rapport de l'Assemblée nationale, la situation actuelle serait finalement analogue à celle dans laquelle se trouvaient les libraires indépendants en

1981 : la vente en ligne, comme l'achat en grandes surfaces dans les années 1970, serait en passe de devenir le modèle commercial dominant et ses acteurs se livreraient à des pratiques agressives comparables à celles des grandes surfaces culturelles et des hypermarchés d'alors en matière de prix, éclipsant de facto les librairies indépendantes. Ces similitudes plaideraient donc en faveur d'une mesure semblable de report de la concurrence sur d'autres éléments que le prix, afin de permettre aux librairies indépendantes de jouer à armes égales avec les plus grands détaillants. C'est précisément l'objet de l'article 1er de la présente proposition de loi, qui vise à instaurer un tarif plancher pour la livraison des livres neufs, auquel seraient donc assujettis l'ensemble des vendeurs en ligne. »

Constat tout aussi alarmiste du rapport du Sénat : « En 2020, la France compte plus de 20 000 points de vente de livres. Parmi ceux-ci, les librairies que l'on peut qualifier "d'indépendantes" représentent un peu plus de 4 000 établissements en 2019, soit une hausse de plus de 20 % en 10 ans. Ils représentent environ 15 000 emplois. Leur part de marché a cependant régressé de près de trois points entre 2006 et 2019, pour s'établir à 22,5 %. Deuxième constat, la part croissante des ventes sur internet : si les grandes surfaces culturelles spécialisées constituent le plus important réseau de vente de livres, avec 27 % des ventes en valeur en 2019, la vente en ligne a connu une croissance très rapide ces dernières années. De 2,2 % en 2002, son poids global dans les achats de livres des ménages, tous circuits confondus, a été multiplié par 10 pour atteindre 21 % en 2019. Troisième constat, une forte concentration des vendeurs en ligne. Selon les données fournies à la rapporteure, en volume comme en valeur, Amazon, la

Fnac et France Loisirs représentent environ les trois quarts des achats en ligne, tous réseaux confondus. La part de marché d'Amazon serait environ de la moitié de ce total, soit 10 % du marché total du livre en France. »

Dans son exposé des motifs, la proposition de loi Darcos sonne ainsi le tocsin : « La vente à distance de livres est en croissance depuis plus d'une décennie, notamment en raison de l'essor d'Amazon, qui capte environ 11 % du marché du livre, et d'autres entreprises telles que la Fnac. La compétitivité de ces entreprises sur ce canal de vente s'explique en partie par la performance de leurs plateformes de ventes en ligne et leurs capacités logistiques ou commerciales (réactivité, fidélisation, service après-vente, etc.), mais également par une facturation quasi gratuite des frais de port à leurs clients. Cette quasi-gratuité provient d'accords négociés avec le groupe La Poste pour leur octroyer un tarif postal avantageux. »

Quand la proposition de loi vient en débat devant le Parlement, Amazon use pourtant de tous les arguments et de tous les moyens pour s'y opposer. « La multinationale américaine a multiplié les actions de lobbying pour tenter de contrecarrer cette proposition de loi. Visite aux parlementaires, mail envoyé aux journalistes pour les inviter à se mettre en lien avec un gros cabinet d'avocats pour débattre du thème : "Prix unique du livre : une loi anti-Amazon justifiée ?" », raconte *Télérama*.

Entrant dans la mêlée, le directeur général d'Amazon France, Frédéric Duval, publie de son côté un billet sur le site de son groupe pour essayer de torpiller la proposition de loi, avec un argument choc : « Si une telle mesure était adoptée, elle pénaliserait la diffusion des livres sur notre territoire et la lecture en général. En effet, nous n'aurions pas d'autre choix que d'ajouter ces frais d'expédition au prix unique du livre, fixé par la loi. Les citadins pourront certes y échapper en achetant leur ouvrage en librairie, mais pour les autres, la facture sera élevée : pour un livre de poche vendu 6,50 €, le tarif "lettre verte", c'est-à-dire le tarif postal le moins onéreux, est de 3,94 €, ce qui représente un surcoût de 61 %, soit plus de 250 millions d'euros par an de perte de pouvoir d'achat pour des millions de lecteurs français. Il existe une idée fausse selon laquelle cette mesure ne pèserait que sur de riches citadins, qui en seraient donc les seules victimes, mais ce n'est pas le cas : la lecture n'est heureusement ni l'apanage des citadins ni celui des plus aisés. Au contraire, une récente enquête d'opinion réalisée par l'IFOP indique que les lecteurs aux revenus les plus modestes ont davantage tendance à acheter exclusivement en ligne. »

L'argument, pourtant, rate sa cible, car la vérité n'est pas celle que prétend le patron de la filiale française d'Amazon. Une étude de l'Insee, autrement plus sérieuse que n'importe quel sondage, établit que ce sont les citadins, figurant dans les tranches de revenus les plus élevées, qui achètent le plus de livres en ligne. Selon cette étude, 60 % des Français habitant dans les communes de 2000 à 50000 habitants ont acheté ou consommé des produits ou des services sur internet en 2018, alors que le taux grimpe à 70 % en région parisienne.

C'est donc la clientèle la plus fortunée qui consomme le plus en ligne. Bref, les arguments d'Amazon ne font pas mouche. Et la proposition de loi est adoptée dans les deux assemblées à l'unanimité, pour la plus grande satisfaction du Syndicat de la librairie française (SLF), qui chante victoire :

« Quarante ans après l'adoption de la loi de 1981 sur le prix unique du livre, ce vote confirme le statut particulier du livre dans notre pays, justifiant une régulation de la concurrence pour favoriser la présence d'un réseau de détaillants sur l'ensemble du territoire et promouvoir la diversité de la création éditoriale ainsi que le développement de la lecture. Cette nouvelle loi conforte les libraires dans leur engagement quotidien en faveur de la diversité culturelle, de l'emploi local et de l'animation de nos villes, de nos bourgs et de nos villages, tout en levant un obstacle essentiel au renforcement de leur présence sur internet. »

Cependant, Amazon n'est pas du genre à rendre les armes. Le magazine *Challenges* révèle ainsi que la multinationale a proposé en 2021 au gouvernement français de relever ses frais d'envoi des livres en France en échange d'un engagement à retirer la loi établissant un prix de port minimal. Une réunion à ce sujet se tient même le 25 août de cette année-là au ministère de la Culture en présence de la ministre Roselyne Bachelot et du patron de la division Livres d'Amazon, David Naggar, venu tout exprès de Seattle (États-Unis).

Après le vote de la loi Darcos à la fin de 2021, qui a réjoui à juste titre les libraires, une nouvelle douche froide a eu lieu : le dispositif d'application alors conçu suggère que la loi pourrait en fait être totalement vidée de son contenu contraignant. Et cette fois, la très mauvaise nouvelle vient de l'Arcep, l'autorité administrative (soi-disant) indépendante en charge du secteur. Et pourquoi donc l'Arcep, qui s'occupe essentiellement de réguler les opérateurs de téléphonie et les fournisseurs d'accès à internet, se saisit-elle de ce dossier qui a trait à la culture ? Cela fait partie des mystères des rouages administratifs français ; et cela dit aussi beaucoup du mépris que l'on a pour ces questions de culture dans les sommets du pouvoir.

En tout cas, c'est ainsi : puisque la loi Darcos avait indiqué qu'il reviendrait à l'Arcep de faire une proposition de tarif plancher de frais de port s'appliquant aux ventes à distance de livres neufs, à charge ensuite au gouvernement de la valider ou non par un arrêté d'application, l'autorité administrative prend donc le relais. Et sur-le-champ, beaucoup de libraires pressentent qu'ils ont peut-être chanté victoire un peu tôt. Et cela, pour une double raison.

D'abord, l'Arcep a effectivement le plus souvent pour interlocuteur les géants du numérique, et défend fréquemment leurs intérêts ou au moins leur idéologie. De surcroît, Emmanuel Macron, qui partage la même « idéologie californienne », celle de la « *start-up nation* », a poussé en janvier 2021 une proche, Laure de La Raudière, à la tête de l'Arcep. Cela n'a certes pas été sans mal, pour d'innombrables raisons. Dans le passé, l'intéressée avait travaillé chez Orange, et beaucoup ont jugé choquant que la protégée de l'Élysée ait la charge d'être le gendarme d'un secteur dont elle était issue. Il était aussi problématique qu'une proche du pouvoir soit portée à la tête d'une autorité supposée être indépendante. Le chef de l'État, qui n'apprécie visiblement les autorités administratives que lorsqu'elles sont à sa botte, n'a pourtant pas voulu entendre ces mises en garde, et le conflit d'intérêts a été assumé : Laure de La Raudière a décroché le poste qu'elle convoitait.

Et, pour les libraires, le résultat ne se fait attendre : pour les frais de port, l'Arcep suggère un dispositif très favorable à Amazon qui, dans les faits, revient à contourner le dispositif vertueux de la loi Darcos. Sa proposition est en effet d'instaurer un tarif plancher de frais de port de 3 euros pour les envois (pouvant comprendre plusieurs livres) d'une valeur maximale de 35 euros ; et un tarif plancher de 1 centime pour les envois d'une valeur supérieure à ces 35 euros.

Il n'est guère besoin d'être un expert pour comprendre que ce dispositif est très avantageux pour Amazon, et très désavantageux pour les libraires. Pour les envois dont les frais de port plancher sont de 3 euros, les libraires, dont les finances sont déjà dans un état inquiétant, n'auront aucun intérêt à venir sur ce marché, puisque le coût d'envoi sera pour eux sera très supérieur. Seul Amazon aura donc les moyens de vendre à perte, pour consolider ses positions déjà écrasantes sur le marché de la vente des livres en ligne. Et pour les frais de port à 1 centime – cela a l'allure d'une provocation –, le constat sera encore plus vrai : les libraires indépendants seront chassés de ce marché en pleine expansion et verront donc leur part de marché décroître encore plus que par le passé.

On comprend donc mieux en quoi la Légion d'honneur attribuée par Emmanuel Macron à Jeff Bezos a été un pied de nez à tous les libraires.

La concurrence restera d'autant plus faussée qu'Amazon ne paie pas d'impôt – à la différence de tous les opérateurs français. Et ses pratiques d'optimisation fiscale sont aussi considérables que choquantes. Selon une enquête du journal britannique *The Guardian* publiée en mai 2021, largement reprise en France par le magazine *Capital*, la multinationale américaine a réalisé en 2020, tous secteurs d'activité confondus, des ventes record en Europe, à hauteur de 44 milliards d'euros. Mais, grâce à une astuce fiscale montée à travers sa filiale luxembourgeoise, elle n'a pas payé le moindre centime d'euro en impôts.

La distorsion de concurrence reste donc considérable puisqu'Amazon n'est pas assujetti à l'impôt pour les livres vendus en France, même si le syndicat des libraires a eu mille fois raison d'applaudir l'adoption de la loi Darcos, qui constitue pour lui une victoire.

Et le Syndicat national de l'édition (SNE), lui, que dit-il pendant toute cette confrontation entre Amazon et les libraires ? Publie-t-il seulement un communiqué pour applaudir l'adoption de la loi Darcos ? S'inquiète-t-il ensuite que la loi Darcos soit vidée de son contenu ? Eh bien non… Nous y voilà ! À notre connaissance, il se garde de faire le moindre commentaire, comme si l'affaire ne le concernait pas. Comme si les plus grands éditeurs français s'accommodaient de la situation et ne voulaient pas froisser le groupe qui est devenu leur premier client.

Cette indifférence est surprenante et à courte vue. Car derrière les frais de transport, c'est le prix unique du livre qui est dans le collimateur d'Amazon. Ce qui aurait pu justifier une solidarité beaucoup plus active des éditeurs avec les libraires et surtout avec les libraires indépendants. D'autant que ces derniers ont un pouvoir de conseil et de recommandation majeur, que ne remplacera jamais une plateforme de vente en ligne. Derrière cette confrontation, c'était donc aussi la fonction citoyenne de la librairie indépendante qui était en balance ; et on aurait pu espérer que de grands éditeurs donnent de la voix pour défendre ces valeurs.

De surcroît, il serait illusoire de penser que le monde de l'édition n'a rien à craindre des avancées d'Amazon. Car dans tous les métiers qu'il exerce, Amazon ne se limite jamais à ses fonctions de transport. Il cherche à dominer toute la filière, de la production ou la création jusqu'à la distribution.

Et de cela, il existe de nombreux indices. Amazon a ainsi commencé en 2015 à ouvrir des librairies physiques aux États-Unis, en commençant par New York, alors que jusque-là sa seule activité était sur internet. L'expérience a vite été écourtée, mais elle reste révélatrice.

Et c'est bien ce qui se dessine aussi pour l'avenir du livre, où Amazon cherche à développer de nouvelles pratiques, en particulier celle de l'autoédition. Pour l'heure, le danger est faible, parce que le numérique dans l'univers de l'édition est une activité encore marginale. « Mais pour l'avenir de la filière du livre, c'est très inquiétant », souligne Guillaume Husson, le délégué général du Syndicat de la librairie française. De la même façon que pour la presse, Google et Facebook ne s'intéressent qu'au flux et contribuent à une dérive vers la presse bas de gamme, Amazon rêve d'un univers de l'édition du même acabit, avec des livres vite faits même s'ils sont mal faits. C'est l'avenir que les géants du numérique préparent pour la presse comme pour le livre : le flux et la rapidité plutôt que la pertinence et la qualité.

Alors pourquoi le monde de l'édition ne se mobilise-t-il pas contre Amazon, même si c'est son premier client ? Dans le cadre d'un article pour Mediapart, j'avais sollicité le Syndicat national de l'édition, présidé par Vincent Montagne (patron du groupe Média-Participations), espérant un éclairage sur la loi Darcos, même *off the record*. La réponse a beaucoup tardé, mais elle est venue confirmer l'extrême embarras de la profession. La fin de non-recevoir a pris cette forme : « Il n'est pas prévu de prise de parole des membres du SNE avant l'intervention du président, programmée début janvier 2022, à l'occasion des vœux des éditeurs à l'interprofession. » J'ai eu beau insister, personne n'a voulu me parler. Et depuis, il n'y a pas eu plus de prise de position...

J'ai aussi joint de nombreux éditeurs pour leur demander leur opinion sur le modèle Amazon, et les dangers qu'il pouvait induire. Sans plus de succès. Un éditeur parisien de premier plan m'a promis une réponse écrite, mais elle n'est jamais arrivée ; de nombreux autres ne m'ont pas même répondu... Bref, j'ai fait chou blanc.

Ou plutôt, j'ai découvert quelques rebelles – pugnaces, mais peu nombreux. Il y a ainsi Hobo Diffusion, une structure de diffusion de livres, DVD et revues en librairies, qui regroupe 80 éditeurs. Elle a pris l'initiative l'an passé d'un appel dont le titre souligne la radicalité : « Nous ne vendrons plus nos livres sur Amazon. »

L'appel faisait en particulier ces constats : « Les librairies sont des lieux de rencontre, d'échange critique, de débat, de proximité. Un livre doit pouvoir être défendu auprès de ses lecteur·rices par un·e libraire, un·e éditeur·rice, un·e auteur·rice et ne pas être invisibilisé par les "meilleures ventes du moment". Nous ne voulons pas remplacer les conseils d'un·e libraire par ceux d'un algorithme ni collaborer à un système qui met en danger la chaîne du livre par une concurrence féroce et déloyale. »

Les ouvrages des Éditions Divergences, qui publient ce livre, sont précisément diffusés par Hobo et son fondateur, Johan Badour, est l'un des auteurs de cet appel.

Et puis, il y a eu un éditeur français qui a eu le courage de dénoncer le système Amazon, mais il était installé... en Belgique ! Il s'agit d'Alexandre Laumonier, qui a créé en 2011 à Bruxelles une petite maison d'édition dénommée Zones sensibles, spécialisée dans les sciences humaines. Très hostile au système mis au point par la multinationale américaine – « tout est dégueulasse chez Amazon, sauf évidemment celles et ceux qui y sont exploités », m'a-t-il dit sans détour le jour où j'ai pris contact avec lui –, il a décidé en 2020 de ne plus vendre ses livres par ce biais et de le faire savoir publiquement.

Dans une tribune intitulée « Bye bye Amazon : "Il en va de la responsabilité de chaque éditeur" », il s'est donc expliqué sur son choix : « Nous sommes donc dans une situation (pour le moins paradoxale, voire absurde) où Amazon engendre la plus grande part des ventes des éditeurs français alors que, pour la compagnie, ces ventes ne représentent quasiment rien. Si l'on ajoute à cela qu'Amazon fait, comme d'autres multinationales, de l'optimisation fiscale, ce qui lui permet de payer moins d'impôts sur ces ventes que ne le font les librairies "physiques", et si l'on se rappelle qu'aux États-Unis, où le droit du travail est quasi inexistant, certains employés d'Amazon sont obligés d'aller chercher de quoi se nourrir dans des banques alimentaires faute d'être rémunérés correctement, nous en arrivons à une situation insoutenable : le premier vendeur de livres des éditeurs français est une société qui ne gagne rien sur ces ventes, tout en ne payant que très peu d'impôts et en exploitant à outrance des êtres humains, surveillés par des robots, qui sont sous pression dans un hangar pour qu'un livre arrive le lendemain chez celle ou celui qui l'a commandé. »

Et l'éditeur courageux ajoutait : « La seule riposte possible à cette situation, pour les éditeurs ayant un minimum d'éthique et de respect du bien commun, est très simple : ne pas vendre de livres sur Amazon. De prime abord, ce choix paraît compliqué, car la majorité des éditeurs (dont nous faisons partie) n'a pas de lien direct avec la plateforme : ce sont en effet les diffuseurs-distributeurs qui négocient les conditions de vente avec leurs revendeurs, dont la majorité est constituée de librairies physiques, mais aussi d'Amazon, de Fnac.com, etc. Les éditeurs n'ont donc que peu de marge de manœuvre, et dépendent des choix de leur diffuseur-distributeur (dont certains ont d'ores et déjà décidé de ne pas accepter les conditions commerciales financièrement brutales d'Amazon, ce qui de fait exclut de la plateforme les catalogues de leurs éditeurs). Il y a pourtant une solution assez simple qui permet de pallier cette situation et d'éviter que le diffuseur-distributeur ne soit confronté à un problème juridique de "refus de vente" dans le cas où un éditeur voudrait se passer de tel ou tel espace de ventes : le code-barres du livre. »

Dans le système Amazon, où tout est automatisé à l'extrême, le code-barres, c'est la clef d'entrée. Pas de code-barres… pas de distribution par Amazon ! À l'automne 2020, en concertation avec son distributeur Belles Lettres Diffusion Distribution (BLDD), Alexandre Laumonier décide donc de ne plus faire apparaître de code-barres sur la dernière page de ses ouvrages. Et cela marche : les livres de Zones sensibles ne passent plus par Amazon. Le groupe américain propose certes d'apposer ses propres code-barres sur les livres mais, comme le distributeur refuse, l'éditeur gagne la première manche.

Pourtant, dans un deuxième temps, nouvelle difficulté : le patron de la Fnac appelle le dirigeant de BLDD pour lui faire savoir qu'il refusera lui aussi toute palette sans code-barres. Or, comme dans une palette il n'y a pas que des livres de Zones sensibles, Alexandre Laumonier décide de ne plus user du subterfuge pour ne pas pénaliser d'autres éditeurs. Il ne renonce pourtant pas à son combat :

« J'ai trouvé une solution avec mon distributeur pour que les livres de Zones sensibles échappent à Amazon, où nos livres ne sont donc plus commercialisés », m'a-t-il confié, lorsque j'ai révélé sur Mediapart le combat qu'il menait.

Cependant, à entendre Alexandre Laumonier, on devine que son initiative lui a valu beaucoup de sympathie, mais… aucun soutien de ses confrères. « Personne n'a bougé », déplorait-il. Pas même, ajoutait-il, « les éditeurs de gauche qui ont une pratique qui ne correspond pas à ce qu'ils publient ». Triste constat : las de tous ces combats, le courageux Alexandre Laumonier a finalement abandonné en 2023 son métier d'éditeur.

Encore faut-il dire que beaucoup d'éditeurs ont été progressivement dépossédés de ce type de décision. Car dans l'immense vague de concentration que l'édition française a connue au cours de ces dernières décennies, avec l'émergence de deux pôles gigantesques, Hachette et Editis, ce sont les holdings qui gèrent les stratégies de distribution et de diffusion, et non les maisons d'édition qu'elles contrôlent.

Alors, envers et contre tout, même s'ils n'ont pas tous la liberté de parole, il reste des éditeurs qui, en aparté, disent leurs inquiétudes. D'abord, beaucoup font valoir que la focalisation des débats autour d'Amazon peut faire oublier que la grande distribution, aussi bien que la Fnac – qui n'a plus rien à voir avec l'idéal coopératif qu'elle portait à ses origines –, ont joué aussi un rôle très pernicieux.

Ensuite, les mêmes font valoir que beaucoup d'éditeurs se sentent piégés par les évolutions de leur environnement économique, mais n'ont pas moins besoin du maillage décisif de la librairie et notamment de la librairie indépendante. Autrement dit, Amazon occupe sûrement une place centrale, mais la plupart des éditeurs tiennent à avoir des relations privilégiées avec les libraires, qui jouent un rôle majeur, en conseillant leurs clients, en organisant des rencontres avec les auteurs. Autrement dit, leur silence ne devrait surtout pas être interprété comme de l'indifférence.

Il reste que les réactions publiques sont peu nombreuses. Face à l'offensive de Vincent Bolloré sur Hachette, il n'y a guère eu qu'Antoine Gallimard (patron du groupe Madrigall, maison mère des éditions Gallimard et Flammarion) qui soit sorti du bois : « Cette acquisition ne me semble pas possible, à la fois pour le respect des règles de la concurrence et pour éviter un abus de position dominante. J'attends beaucoup de la direction de la concurrence européenne qui regarde cette affaire », a-t-il à l'époque déclaré sur BFM Business. Il a toutefois refusé de me parler. Et face à l'offensive d'Amazon, les libraires sont bien seuls à se battre.

En clair, le monde de l'édition, très concentré, où les indépendants sont de moins en moins nombreux, est pris en tenaille entre Bolloré d'un côté et Amazon de l'autre. Ce qui en dit long sur les menaces qui pèsent sur ce secteur. La boulimie du géant américain va bien sûr bien au-delà et investit sans cesse de nouveaux secteurs économiques. Après le livre, la firme a élargi son insatiable appétit à tout l'e-commerce. Et la voilà qui s'ouvre sans cesse à de nouveaux métiers. Rivalisant avec Netflix dans le domaine de la distribution et l'exploitation d'œuvres cinématographiques via sa plateforme Prime Video, elle s'est aussi attaquée au très lucratif marché des droits télévisés du football ou encore du tennis, accélérant le basculement de ces deux disciplines vers le sport-business.

C'est en cela que la résistance des libraires indépendants français est exemplaire, car elle soulève une question de plus en plus pressante : mais quand donc un coup d'arrêt sera-t-il donné à l'expansion sans fin de ce sulfureux oligopole ?

CHAPITRE 3.
LA PRESSE SOUS LA DOMINATION DE GOOGLE ET FACEBOOK

L'hypocrisie est décidément une qualité assez bien partagée dans les milieux d'affaires français. À preuve, si les puissances d'argent qui contrôlent les grandes maisons d'édition n'aiment guère mettre sur la place publique les liens qu'elles ont noués avec Amazon, celles qui contrôlent la presse n'ont pas plus d'entrain à parler des accords - le plus souvent secrets - qu'ils ont passés avec Google et Facebook. Si les deux géants du numérique ont désormais entre leurs mains quasiment toutes les *data* utiles sur les abonnés de la presse française, on ne trouvera que très peu d'articles fouillés sur le sujet, hormis dans la presse indépendante. Motus et bouche cousue : les grands journaux n'ont eu aucun scrupule ces dernières années à vendre leur base d'abonnés aux deux plateformes, mais il ne faut pas trop compter sur eux pour en parler. L'affaire mérite d'être exposée dans le détail.

Ainsi donc, les grands médias français, dont beaucoup étaient indépendants à la fin de la guerre, en application du célèbre commandement du programme du Conseil national de la résistance (« rétablir la liberté de la presse, son honneur et son indépendance vis-à-vis des puissances financières ») ont tous été croqués les uns après les autres par une poignée de milliardaires au cours des dernières décennies.

Et de cette opération de prédation, on connaît les multiples et graves conséquences : la normalisation économique s'est doublée d'une normalisation éditoriale, avec à la clef un cortège sans fin de censures, manipulations, autocensures, etc. – opération de prédation à laquelle j'ai consacré en 2016 l'essai *Main basse sur l'information* (Don Quichotte).

On l'aura donc compris : les milliardaires qui ont pris le contrôle de la presse française ne sont pas des mécènes, contrairement à ce que beaucoup d'entre eux prétendent. Ils le sont d'autant moins qu'ils ont conduit ces acquisitions avec la complicité de l'État, qui leur a accordé sur fonds publics des subsides considérables. C'est un scandale démocratique, mais c'est ainsi : depuis de longues années, la presse des milliardaires est la plus subventionnée.

Mais il s'est passé ces dernières années un phénomène nouveau : comme l'État se dit de plus en plus impécunieux, il a fait en sorte de limiter progressivement son appui à ces mêmes médias, mais sans que ceux-ci n'en pâtissent. Et le tour de bonneteau a été, en réalité, assez simple à organiser : ce sont les géants du numérique, essentiellement Google et Facebook, qui ont progressivement pris le relais.

Actuellement, sept groupes de presse captent en France plus de la moitié des aides publiques. Au total, selon les chiffres publiés en septembre 2023 par le ministère de la Culture et de la Communication, le montant des aides directes à la presse a atteint en 2022 la somme de 110,4 millions d'euros, dont 28 millions supposés être des aides au pluralisme (*sic* !), 51 millions pour les aides au transport et la diffusion et 31,4 millions pour les aides à l'investissement.

Or on a tôt fait de constater que les plus grosses sommes vont effectivement aux milliardaires les plus riches. À preuve, Bernard Arnault (première fortune mondiale) bénéficie de l'aide la plus colossale, soit 14,1 millions d'euros, via Ufipar, sa holding qui regroupe ses participations dans la presse, soit 12,2 millions d'euros pour *Aujourd'hui en France*, 0,9 million pour *Le Parisien* et plus d'1 million pour *Les Échos*.

Parmi les principaux milliardaires inondés d'aides directes, prélevées dans la poche des contribuables, on trouve ensuite le milliardaire Xavier Niel et ses associés, dont les titres empochent au total 8,7 millions d'euros, dont 5,8 millions pour *Le Monde*, 0,7 million pour *Télérama*, 0,5 pour *Courrier international*, 0,5 pour *L'Obs*, 0,3 pour *La Vie*, 0,3 pour *Le Monde diplo*, 0,6 pour les journaux des Antilles que l'homme d'affaires a croqués via sa holding de tête NJJ, et 0,1 million pour *Nice-Matin* contrôlé aussi par NJJ.

Ces chiffres sont impressionnants et mettent au jour un véritable scandale démocratique : deux des milliardaires les plus importants du pays ont la main à eux seuls sur plus de 20 % des aides directes à la presse – aides dont ils n'ont en vérité nul besoin. C'est d'ailleurs bien la preuve qu'ils ne sont pas des mécènes, car si tel était le cas, ils puiseraient dans leur immense fortune pour faire les fins de mois des journaux qu'ils ont achetés dans des logiques d'influence.

Mais il faut encore égrener d'autres chiffres pour mesurer que le scandale est plus vaste que cela. Car le groupe Dassault qui contrôle *Le Figaro* a profité, lui, de 5,9 millions d'euros ; le groupe Bayard de 5,6 millions pour *La Croix* ; et *Libération* (dont le milliardaire Patrick Drahi s'est délesté, car il n'en avait plus besoin) de 5,3 millions d'euros.

Pour les milliardaires, l'État multiplie donc les cadeaux les plus dispendieux. Même Vincent Bolloré va désormais être chouchouté par le pouvoir, puisque les journaux qu'il a repris au groupe Lagardère bénéficient aussi d'aides spectaculaires, soit 1,9 million pour le *Journal du dimanche* ou encore 0,3 million pour *Paris Match*, soit au total 2,2 millions pour ces médias ayant basculé vers l'extrême droite.

À cette liste invraisemblable, il faut encore ajouter deux noms, celui de Nicolas Beytout et des Bettencourt à qui sont distribués 2 millions d'euros pour Bey Medias News, qui abrite le journal *L'Opinion*, vendu à quelques milliers d'exemplaires à peine. Lequel journal publie régulièrement des éditoriaux enflammés promouvant les politiques néolibérales et dénonçant toutes les aides sectorielles… sauf visiblement quand il s'agit de la presse.

On comprend, à l'aune de ces chiffres, la situation de grave dépendance dans laquelle se trouvent les plus grands titres de la presse française. On comprend mieux aussi pourquoi le pouvoir ne livre qu'au compte-gouttes, et avec beaucoup de retard, les chiffres qui établissent ce système de presse sous influence…

Pour être honnête, il faut tout de même observer que les milliardaires ne sont pas les seuls à profiter de ce système très pervers d'aides directes à la presse, qu'il serait urgent de supprimer, pour réorienter ces flux financiers vers des aides indirectes beaucoup plus égalitaires et transparentes. Malheureusement, quelques journaux indépendants, pris dans l'étau d'insurmontables difficultés financières, ont cédé à la facilité et se partagent quelques miettes. C'est le cas de *Contexte* (1,3 million d'euros), de *Blast* (0,8 million) ou encore d'*Indigo* (0,7 million d'euros). Sous perfusion depuis plusieurs décennies, *L'Humanité* empoche, elle 3,8 millions d'euros : à défaut de savoir endiguer l'hémorragie de ses lecteurs, le journal (pauvre Jaurès !) en est de plus en plus réduit à faire la manche.

Et puis, défense de sourire, la revue réactionnaire souverainiste *Front populaire*, qui s'est fait une spécialité de brocarder la France des assistés, a mis la main, ni vu ni connu, sur plus de 0,6 million d'euros.

Ce système de dépendance dans lequel la presse est placée s'est considérablement renforcé au cours des dernières années, puisqu'aux aides publiques sont venues s'ajouter les aides privées des GAFAM. En quelque sorte, la presse a été prise dans un double verrouillage : il y a d'abord eu celui de l'État qui a inondé la presse des milliardaires de subventions publiques, selon les modalités que l'on vient d'examiner – les plus riches empochent les plus grosses aides publiques. À ce premier verrouillage, qui fonctionne depuis longtemps et dont le but est d'assurer la prééminence de cette presse sous influence, et de freiner l'émergence de la presse indépendante, s'est ajouté un second, plus récemment : les aides privées apportées par les GAFAM profitent en priorité, elles aussi, aux médias contrôlés par de richissimes hommes d'affaires. Les deux systèmes se cumulent donc pour placer la presse française dans un véritable étouffoir, qui menace le droit de savoir des citoyens, rouage majeur de la démocratie.

Seul problème : les géants du numérique pratiquent l'opacité de manière encore plus systématique que l'État. Les GAFAM, singulièrement Google, ont tout fait en connivence avec les dirigeants de la presse des milliardaires pour brouiller les cartes et rendre illisible la réalité des financements apportés aux journaux concernés. Tous les financements apportés par les grandes plateformes américaines, de Facebook jusqu'à Google, devaient en effet rester secrets. Pourtant, des fuites multiples ont permis d'avoir une idée assez précise des sommes mobilisées par les plateformes américaines pour placer, elles aussi, la presse française sous influence.

Si l'évaluation précise des financements apportés par les GAFAM est difficile à obtenir, c'est pour une raison facile à identifier. Google a en effet longtemps considéré que l'indexation par son moteur de recherche des informations produites par la plupart des médias créait à leur profit un trafic qui constituait une rémunération suffisante. La multinationale américaine a donc très mal accueilli la directive européenne « sur le droit d'auteur et les droits voisins dans le marché unique numérique » du 19 avril 2019, faisant obligation aux plateformes de ne plus piller à leur profit les informations publiées par la presse, mais de les rémunérer à leur juste prix.

L'oligopole américain a rapidement compris qu'il devait changer de stratégie. Il a accepté de rémunérer ces droits voisins, mais en les agrégeant à des accords commerciaux proposés aux mêmes médias, dans le cadre d'accords secrets.

Les financements des GAFAM sont totalement opaques pour une double raison : parce que les accords conclus avec la presse française sont confidentiels – cela n'a pas gêné de nombreux journaux d'en accepter le principe, même s'ils avaient fait dans le passé des éditoriaux enflammés pour dénoncer la loi sur le secret des affaires ; ensuite parce que, lorsque des fuites interviennent sur les montants déboursés par les GAFAM, il est difficile d'identifier ce qui relève des droits voisins et ce qui relève de ces accords commerciaux.

En clair, Google se sert, à l'époque, des droits voisins comme cheval de Troie pour pactiser avec de nombreux journaux et passer avec eux des accords commerciaux secrets, portant sur divers services : Google Showcase (fourniture d'informations pour

Google News), Subscribe with Google (SWG – abonnement réduit à un journal s'il est souscrit via Google), contrats de *fact checking*.

Malgré tout, de nombreuses fuites ont permis d'avoir une idée assez précise de la nouvelle dépendance financière de la presse française vis-à-vis des GAFAM. Or ce qu'il y a de spectaculaire, c'est que ces aides privées viennent se cumuler avec les aides publiques et profitent, pour l'essentiel, toujours aux mêmes : d'abord aux groupes de presse qui ont été croqués par des milliardaires.

L'Alliance de la presse d'information générale (Apig), présidée depuis octobre 2020 par Pierre Louette, P.-D.G. du groupe de presse Les Échos-Le Parisien, contrôlé par le milliardaire Bernard Arnault, et qui regroupe les principaux titres de la presse quotidienne nationale et régionale, signe ainsi le 21 janvier 2021 un accord-cadre avec Google qui devient ainsi, d'un seul coup, l'acteur majeur du secteur.

Dans cet accord, tout est fait en dépit du bon sens, avec les mêmes vices et la même opacité. D'abord, l'accord-cadre est secret et n'est signé qu'avec une partie des éditeurs, ceux qui regroupent la presse des milliardaires. L'accord-cadre est conçu pour donner lieu à des accords particuliers entre Google et chacun des éditeurs concernés – tous ces accords étant eux-mêmes secrets. Un comble : la presse, dont la mission démocratique est de faire la transparence sur tous les sujets d'intérêt public, donne le mauvais exemple, en jouant l'opacité la plus totale, pour les questions qui la concernent.

Non seulement la presse d'information politique et générale (IPG) tourne le dos à toute logique solidaire avec le reste de la presse, mais certains de ses membres, dont *Le Monde*, *Le Figaro* et *Libération*, ainsi que *Courrier international*, *L'Obs*, et *L'Express*, n'attendent pas même que l'accord-cadre soit conclu pour jouer sans vergogne leur propre carte, négocier en solo avec Google, et conclure dès novembre 2020 avec le groupe américain des aménagements plus avantageux, à la grande fureur des autres membres du syndicat professionnel.

Dès février 2021, l'agence Reuters révèle ainsi avoir pu consulter certains des accords en question : « Les documents français consultés par Reuters comprennent un accord-cadre dans lequel Google versera 22 millions de dollars par an pendant trois ans à un groupe de 121 publications d'information françaises nationales et locales après avoir signé des accords de licence individuels avec chacune. Le deuxième document est un accord de règlement en vertu duquel Google s'engage à verser 10 millions de dollars au même groupe en échange de l'engagement des éditeurs à ne pas poursuivre en justice les droits d'auteur pendant trois ans. » Au total, la multinationale s'engage donc à débourser 76 millions de dollars (66 millions d'euros) sur trois ans.

L'accord présente d'innombrables défauts. D'abord, il agrège les droits voisins et certains services commerciaux de Google. « Les éditeurs s'engageraient dans un nouveau produit à venir appelé Google News Showcase, qui permettrait aux éditeurs de gérer le contenu et de fournir un accès limité aux articles payants », poursuit Reuters.

L'accord est, de plus, très inéquitable pour de multiples raisons. D'abord, il exclut une très large partie des médias, ceux qui ne font pas partie de la presse IPG. Mais au sein des bénéficiaires, les disparités sont aussi considérables. Les sommes apportées par Google vont de 13 741 dollars pour *La Voix de la Haute-Marne* à 1,5 million d'euros pour *Le Monde*.

Dans le cas du groupe Le Monde, des chiffres très précis sont désormais connus. Lors de l'entretien que Valentine Oberti avait réalisé début 2022 avec Louis Dreyfus, président du directoire du groupe, pour le documentaire *Media Crash*, coproduit par Mediapart et la société de production Premières Lignes, la journaliste avait obtenu de lui l'assurance qu'il lui transmettrait l'accord signé avec Google sur les droits voisins. Mediapart a donc obtenu une copie de cet accord, daté du 17 mars 2022.

On découvre dans ce document que Google s'est engagé au titre des droits voisins à verser au groupe Le Monde – pour *Le Monde*, *Télérama*, *Huffington Post*, *Courrier international*, *Le Monde diplomatique* et *La Vie* –, la somme de 1 502 468 euros par an à partir du 1er janvier 2022. Et pour la période qui va du 24 octobre 2019 (date d'entrée en vigueur de la loi) au 31 décembre 2021, le même groupe a empoché rétroactivement 2 944 277 euros.

Mais ces chiffres ne sont, en fait, pas les bons. Car la plateforme américaine a conduit en même temps une négociation avec le groupe Le Monde, *Le Figaro* et *Libération*, de sorte que ceux-ci reçoivent des financements complémentaires et acceptent en contrepartie d'adhérer à des services commerciaux de Google.

Selon des informations recueillies par l'auteur de ces lignes auprès d'un de ces éditeurs, *Le Figaro* a ainsi conclu un accord avec Google au terme duquel la firme américaine s'engage à lui verser une somme de 2 millions d'euros pendant trois ans. La somme globale pour le groupe Le Monde, gardée secrète, serait sensiblement supérieure. Et pour *Libération*, la somme serait d'un million d'euros par an.

L'exemple le plus révélateur est celui du *Monde*, qui est le premier quotidien, avec *La Voix du Nord*, à intégrer sur son site, lemonde.fr, une nouvelle fonctionnalité baptisée « Suscribe with Google » (SWG). Le Journal du Net (22 mars 2021) décrypte ainsi le « pacte faustien » conclu entre la plateforme et le quotidien : « L'outil permet à un utilisateur qui dispose d'un compte Google de s'abonner au média partenaire par ce biais. C'est-à-dire sans friction, car SWG renseigne automatiquement ses informations de connexion, qu'il s'agisse de ses nom et prénom ou de ses coordonnées bancaires, si celles-ci sont déjà associées à son compte Google. Des informations qu'il transmet ensuite au média partenaire. »

Ce système SWG n'est pas une véritable nouveauté. Il s'apparente aux modalités de paiement conçues pour ceux qui disposent d'un compte PayPal ou qui s'abonnent à travers un compte Apple. Mais, dans le cas du *Monde,* ce système SWG est, quelques mois après son lancement, amendé. Google décide de faire un geste complémentaire, en prenant à sa charge 50 % du prix des abonnements pendant un an au *Monde*.

La plateforme américaine, dont l'immense fortune est issue de sa position dominante sur le marché publicitaire, met la main dans tous les cas de figure sur des données hautement précieuses : une partie de la base d'abonnés du *Monde*. Les nouveaux abonnés au journal ne le savent pas forcément, mais s'ils ont profité d'une souscription à prix réduit, c'est parce que leurs données ont été offertes à Google.

Que pensent les journalistes du *Monde* de ces relations opaques que leur journal a tissées avec Google, au mépris des principes de transparence et d'équité ? Ils ont tous en mémoire la fameuse phrase du fondateur du journal, Hubert Beuve-Méry, qui tenait par-dessus tout à ce que ce dernier se tienne à distance de la « presse d'industrie » ou, si l'on préfère, de la presse de connivence. Aujourd'hui, les milliardaires l'ont fait plonger dans cet univers.

Quoi qu'il en soit, après *Le Monde* et *Télérama*, Google a élargi cette prise en charge pouvant aller jusqu'à 50 % du prix des abonnements à de très nombreux autres journaux, dont *Libération*, *Le Figaro*, *Le Parisien*, *L'Obs* et beaucoup d'autres. En certains cas, le taux peut même atteindre 70 %.

Le maillage a ensuite été renforcé, puisque, après l'Apig, c'est le Syndicat des éditeurs de la presse magazine (SEPM) qui a, à son tour, signé un accord, toujours secret, avec Google. Il serait très proche de celui conclu par l'Apig, avec des montants à peine inférieurs, englobant pour l'essentiel des accords commerciaux, les droits voisins ne portant que sur des montants très minoritaires. L'accord comprendrait également une clause au terme de laquelle le SEPM a accepté, moyennant finance, de renoncer à ses poursuites contre l'oligopole américain.

Et après la presse quotidienne nationale et la presse magazine, ce sont les quotidiens de la presse quotidienne régionale qui ont, pour beaucoup d'entre eux, tendu la sébile pour obtenir de Google des accords identiques, au terme desquels la plateforme américaine finance 50 % du prix des abonnements la première année en échange de l'accès aux données des abonnés.

C'est donc un quadrillage généralisé de la presse que Google a organisé à partir de 2018. Un lecteur peut désormais s'abonner à l'un de ces journaux via son propre compte Google et payer, à moitié prix, via l'application Google Pay. Le système est si bien huilé que tout est prévu. Dans certains cas, Google finance ces promotions à travers des budgets dits de « comarketing ». Et Google a simplifié ses propres procédures : alors qu'initialement la firme n'avait prévu ce système que pour les plus grands médias, elle a finalement décidé de l'ouvrir à quasiment tous les médias qui lui en feraient la demande, à la seule condition qu'ils fassent partie de la presse dite IPG ou bien qu'ils soient un service de presse en ligne relevant d'un statut dit « 39 bis A » (le statut fiscal accordé aux journaux numériques dédiés « pour une large part à l'information politique et générale »).

Ce quadrillage insensé saute aux yeux du lecteur à tout moment. Il suffit d'aller se promener sur la plupart des sites des journaux français pour que, aussitôt, une fenêtre s'ouvre, proposant de poursuivre sa lecture après s'être identifié avec son compte Google. Et si l'on se promène sur la page « Google Actualités », on a tôt fait de constater que le géant américain a passé des accords avec toute la presse. Dans la rubrique « Google Showcase » (sélection d'articles proposés par les journaux amis), on retrouve un bric-à-brac d'éditeurs : cela va de *La Croix* jusqu'à *l'Humanité* (pauvre Jaurès encore une fois !), en passant par *Le Parisien*, *Ouest-France* ou *La Provence*... Bref, quasiment tous les titres !

Dans la même page « Google Actualités », on trouve aussi d'innombrables journaux – le plus souvent fédérés par l'AFP – qui ont accepté de collaborer à la rubrique « Fact-checking » de Google, dont nous parlerons bientôt.

En moins de cinq ans, Google a tissé sa toile et y a capturé, avec la complicité des milliardaires, quasiment toute la presse française. Ce qui est pour le moins inquiétant, car on devine sans peine les conséquences de cette emprise. Avec des subsides considérables déversés par l'État comme par les GAFAM, avec des prix d'abonnements divisés par deux, et parfois plus, ce sont de très graves distorsions de concurrence ou abus de position dominante qui sont créés au profit de la presse sous influence, et au détriment de la presse indépendante, qui ne vit que des abonnements de ses lecteurs, sans vouloir passer sous les fourches caudines de Google en lui offrant son fichier d'abonnés.

Les chiffres officiels communiqués par Google donnent la mesure de cette emprise : au total, l'oligopole a conclu en France près de 200 accords avec des éditeurs et agences de presse (et plus de 1200 en Europe), sans compter les accords-cadres avec l'Apig, le SEPM et la Fédération française des agences de presse, qui regroupe une soixantaine d'agences dont l'AFP. Pour Google News Showcase, Google a annoncé en octobre 2022 avoir conclu des accords avec 70 éditeurs, représentant plus de 150 publications, dont les plus grands titres de la presse quotidienne nationale et régionale. Pour finir, le système d'abonnement parrainé par Google ne cesse de progresser dans la presse.

Malheureusement – qu'il me soit permis de le dire en mon nom propre sans engager Mediapart, l'un des membres fondateurs du Syndicat de la presse indépendante d'information en ligne (Spiil) –, dans des situations financières parfois délicates, certains médias numériques, défendant pourtant farouchement les principes de l'indépendance, ont été obligés de pactiser avec Google, ce dont l'oligopole s'est réjoui dans un billet de blog : « Nous sommes en discussion avec certains membres du Spiil sur le sujet, après avoir trouvé un engagement conjoint pour pouvoir le proposer à ses membres. »

Encore faut-il dire que le Spiil a mené sa négociation avec Google dans le cadre des accords « SWG », c'est-à-dire des abonnements partiellement financés par la plateforme. Hostile par principe aux accords commerciaux avec l'oligopole, le syndicat de la presse indépendante a estimé que si, malgré tout, des accords existaient promouvant des abonnements sponsorisés par Google, il fallait à tout le moins que ces abonnements à prix minorés partiellement pris en charge par Google soient ouverts à tous les sites qui le souhaitent, de sorte que le système n'induise pas un grave déséquilibre des conditions de concurrence. L'oligopole a finalement cédé en janvier 2023 aux demandes du Spiil, sous la menace d'une procédure devant l'Autorité de la concurrence, et a élargi sous certaines conditions son offre à beaucoup d'autres médias numériques. Explication du négociateur du Spiil, Laurent Mauriac, dans la publication spécialisée Mind Media (27 mars 2023) : « Ce n'est pas un dispositif sain et souhaitable au fond pour les médias, notamment car il dégrade la valeur perçue de l'information et de nos abonnements. Mais à partir du moment où il est instauré et utilisé, il doit nécessairement être ouvert aux médias intéressés, et cela de façon transparente. Google a fini par l'entendre et c'est tant mieux. »

Les membres du Spiil sont bien sûr libres de passer ou non sous les fourches caudines de Google. Jaloux de leur indépendance, certains journaux, comme Mediapart ou Arrêt sur images sont plus que jamais hostiles à ce type d'accord, comme ils ont toujours été hostiles, pour les mêmes raisons, aux aides directes de l'État. Mais d'autres publications indépendantes, économiquement plus fragiles, n'ont eu d'autres choix que de céder aux sirènes de l'oligopole. C'est dire que le loup Google est entré dans la bergerie de la presse, et pas seulement celle de la presse des milliardaires.

Le système des accords bilatéraux et secrets entre Google et de nombreux médias est même encore plus pernicieux puisque, selon plusieurs sources, les montants globaux des financements apportés par l'oligopole sont de l'ordre d'un cinquième au titre des droits voisins et de quatre cinquièmes au titre des accords commerciaux.

De la sorte, vis-à-vis des journaux qui refusent des accords commerciaux avec lui, Google peut se prévaloir d'une jurisprudence biaisée au terme de laquelle les droits voisins seraient formidablement bas… Les ponts d'or offerts à la presse des milliardaires ont donc pour corollaire une tentative de spoliation sur les droits voisins.

Mais il n'y a pas que Google ; il y a aussi Facebook, qui inonde certains médias de financements intéressés, aux États-Unis, mais également… en France.

Dès février 2017, la plateforme américaine a ainsi passé un premier accord, dont les modalités financières étaient secrètes, avec huit médias français, dont *Le Monde*, l'Agence France-Presse (AFP), BFM TV, France Télévisions, France Médias Monde, *L'Express*, *Libération* et *20 Minutes*, selon les termes duquel ils étaient chargés de vérifier *(fact-checking)* les rumeurs circulant sur le réseau social.

Très dangereux sur le plan éditorial puisqu'il enferme les journalistes réquisitionnés pour ces tâches dans des bulles de rumeurs déterminées par des algorithmes, le système plaçait aussi les journaux sous une dangereuse dépendance financière à l'égard de la plateforme américaine.

Par la suite, à ma connaissance, seul le journal *Libération* a eu l'honnêteté de révéler ce qu'il empochait de Facebook : 100 000 dollars en 2017, 245 000 dollars en 2018, et des sommes voisines les années suivantes. Mais finalement, fin 2020, *Libération* a choisi de ne pas reconduire cet accord, en apportant cette explication : « En termes d'indépendance éditoriale, la direction a jugé plus pertinent de miser sur les abonnés numériques et des contenus à valeur ajoutée plutôt que sur un contrat avec une entreprise privée. »

Cela n'a pas empêché Facebook de poursuivre son entreprise de mise sous tutelle. À l'automne 2021, la multinationale américaine annonce ainsi qu'elle a conclu un accord avec les grands médias rassemblés au sein de l'Apig, encore eux. Visiblement, le deal ne duplique pas les vices du premier accord entre l'Apig et Google, mais il est, lui aussi, confidentiel, les contractants arguant une nouvelle fois du secret des affaires.

Mais là encore, le secret est vite battu en brèche. Le 10 décembre 2021, La Lettre A lève une partie du voile sur l'accord : « En annonçant, le 21 octobre, avoir conclu un accord avec Facebook sur le droit voisin, l'Apig, qui regroupe près de 300 quotidiens nationaux et titres régionaux, n'avait pas souhaité en dévoiler le montant. Selon nos informations, les membres de l'Apig devront se partager une enveloppe proche de 25 millions de dollars par an, soit plus de 22 millions d'euros, pour les trois prochaines années. Dans les faits, seuls 5 millions de dollars par an seront accordés par Facebook au titre du droit voisin. Le reste, environ 20 millions de dollars annuels, sera versé par le réseau social aux membres de l'Apig souhaitant alimenter avec leurs articles l'espace Facebook News, que le groupe lancera en janvier en France. » Là encore, les droits voisins servent donc de maigre prétexte pour promouvoir des accords commerciaux.

Même entourloupe, donc, que dans le cas de Google : les accords avec Facebook conclus en solo par cette association – contre tout le reste de la presse

– visent à offrir des ponts d'or aux plus grands journaux, et à minorer autant que possible les droits voisins que les autres médias sont en droit de réclamer.

De son côté, l'Agence France-Presse (AFP), qui faisait pourtant partie de ceux qui avaient lancé la procédure contre Google devant l'Autorité de la concurrence, annonce le 6 décembre 2021 le lancement, avec la firme, d'un projet baptisé « Objectif Désinfox », comprenant des formations au *fact-checking,* la création d'une plateforme collaborative pour alerter sur des *fake news* (infox) ou encore des contenus de *fact-checking* élaborés par l'AFP.

Selon des informations confidentielles recueillies au sein de l'agence, l'AFP percevrait la somme de 10 millions d'euros par an pour un contrat global qui intégrerait plusieurs projets, dont celui de *fact-checking.* Le montant du contrat ferait de Google le deuxième client de l'agence.

Et les financements très intéressés que les GAFAM accordent à la presse française ne s'arrêtent pas là. Twitter et Microsoft sont également en piste pour engager des négociations avec les mêmes syndicats professionnels. Dans le même registre, on pourrait citer les sommes considérables que la Fondation Bill et Melinda Gates (le fondateur de Microsoft) apportent au *Monde*, ou précisément à son supplément, *Le Monde Afrique,* dont le fonctionnement dépend intégralement de ces versements.

On en trouve le décompte précis sur le site de la fondation : 299 109 dollars en 2014 ; 438 083 dollars en 2015 ; 516 601 dollars en 2016 ; 633 929 dollars en 2017 ; 2 126 790 dollars en 2019 pour trois ans. Soit un total de 4 014 512 dollars pour la période correspondante.

Il faut bien mesurer que ce type de partenariat n'est jamais neutre. Dans le cas présent, la Fondation

Gates a fait savoir au *Monde* qu'elle entendait subventionner « un journalisme de solution », donnant de l'Afrique une image positive. En interne, ces financements, qui n'étaient donc pas désintéressés et qui incitaient à une forme de journalisme policé, ont souvent fait débat.

Au nombre de ces aides privées, on pourrait encore citer celles que certains géants de l'internet apportent aux journaux de leur choix, en finançant certains de leurs développements, ce qui crée d'autres distorsions de concurrence parfois considérables.

Lors de son audition, le 23 juin 2021, devant la commission d'enquête du Sénat sur la concentration des médias, Sébastien Missoffe, directeur général de Google France, en a donné une illustration particulièrement symbolique : « Le deuxième pilier (d'aide) est l'innovation. Nous aidons les médias dans la transition numérique de leur production journalistique à hauteur de 85 millions d'euros depuis 2013 au travers de différents fonds de soutien à la presse tels que La Matinale du Monde », a-t-il expliqué.

C'est donc peu de le dire : sous le prétexte des droits voisins, les géants du numérique, et tout particulièrement Google et Facebook, sont en train de devenir les deux acteurs majeurs de la presse française. Cette prise de contrôle s'effectue avec beaucoup de rouerie, sans que les deux géants de l'internet n'affichent clairement leurs buts.

Facebook fait même courir le bruit qu'il pourrait ne pas renouveler les accords sur trois ans qu'il a signés avec les grands éditeurs de la presse américaine, au terme desquels il les rémunère pour alimenter les pages de Facebook News. La rumeur s'est aussi propagée que cette politique de retrait vaudrait tôt ou tard pour les activités du groupe en Europe, dans le but de privilégier, un peu sur le modèle d'Amazon, les partenariats avec les ligues sportives ou le cinéma.

Mais ce n'est sans doute qu'un chantage. Car les géants du numérique ont très mal accueilli les réglementations strictes qui ont été prises dans quelques pays, notamment le Canada, l'Australie ou encore l'Afrique du Sud. De peur que cela ne fasse jurisprudence dans d'autres pays, ils ont eu intérêt à agiter la menace d'un retrait pur et simple.

Face à cette menace que font peser les géants du numérique, il existe effectivement quelques pays courageux et pugnaces. L'exemple du Canada, pour ne citer que celui-ci, retient particulièrement l'attention. Au printemps 2023, ce pays a en effet élaboré un projet de loi, beaucoup plus énergique que par le passé, faisant obligation aux géants du numérique de conclure des accords de droits voisins équitables avec les journaux, sous peine d'être soumis à un arbitrage contraignant. Mais, comme dans le monde entier, les autorités nationales avancent en ordre dispersé. Meta, la holding regroupant Facebook et Instagram, s'est autorisée à riposter, annonçant qu'elle allait bloquer sur les deux plateformes l'accès aux informations provenant des médias canadiens. Et de la parole aux actes : depuis le 1er août 2023, les informations provenant des médias canadiens sont inaccessibles sur Facebook et Instagram. Et Google a prévenu qu'il allait faire de même.

Dans la foulée, la multinationale californienne a même durci la confrontation en annonçant l'arrêt sur la plateforme à partir de décembre 2023 de son onglet spécialement dédié à la presse, dénommé « Facebook News », dans trois autres pays : la France, l'Allemagne et le Royaume-Uni. Dans cette bataille sans concession pour échapper au paiement des droits voisins, et ne pas rémunérer les éditeurs de presse après l'expiration des accords déjà conclus, Facebook a donc cherché à ruser. Car si, dans ces trois pays, à compter de cette échéance, il n'y a plus d'espace dédié dans lequel figurent toutes les informations publiées par les grands éditeurs de presse, ces derniers ont gardé la possibilité de partager leurs articles sur la plateforme. Et quiconque possède une page sur Facebook peut faire de même. En quelque sorte, prétendant se détourner de la presse, la firme américaine en est revenue à une solution proche du pillage intellectuel.

Preuve d'ailleurs que Facebook ne se détourne pas réellement de la presse : dans le même temps, la firme de Mark Zuckerberg a confirmé qu'elle n'avait aucunement l'intention de suspendre les accords de *fact-checking* conclus avec les grands éditeurs de presse ou de diminuer ses investissements dans ce domaine. En bref, la reculade n'en est pas vraiment une. Dans l'univers de fausse gratuité dans lequel ont trop longtemps baigné les géants du numérique, leur garantissant des profits exorbitants, la propriété intellectuelle est une gêne et les grandes plateformes ne se résignent pas à la respecter. D'où ces incessantes grandes manœuvres…

Quoi qu'il en soit, on mesure bien le danger que cette mainmise des géants de l'internet fait peser sur la liberté et le pluralisme de la presse. Car l'information n'est plus qu'un jouet dont les algorithmes de ces oligopoles se servent pour gonfler leurs recettes, ou leurs parts du marché publicitaire. Le lecteur n'est plus un citoyen qui cherche à être éclairé sur la marche de la Cité pour exercer ses droits, et notamment son droit de vote ; il devient une marchandise, dont il s'agit de siphonner les données. C'est donc un jeu très dangereux dans lequel s'engagent les grands médias français, pervers sur le plan éditorial comme sur le plan éthique.

L'abondance des financements, publics et privés, apportés à la presse des milliardaires crée une situation de concurrence déloyale. Pour ne prendre qu'un exemple, comment un journal indépendant – par exemple Mediapart, qui ne vit que grâce à ses abonnés – pourra-t-il affronter durablement la concurrence des autres médias, dont le prix des abonnements est minoré de moitié grâce aux subventions de Google ?

De plus, il faut bien observer que le stratagème utilisé par Google et Facebook avec la complicité des grands médias français, consistant à passer avec ces derniers des accords secrets minorant le plus possible les droits voisins et en y agrégeant des accords commerciaux, contrevient très clairement à la loi, qui est ainsi contournée. C'est ce qu'a rappelé avec force, le 12 juillet 2021, l'Autorité de la concurrence, quand elle a infligé une sanction historique de 500 millions d'euros à Google, en retenant deux griefs principaux, à savoir que la plateforme n'avait pas conduit ses négociations de bonne foi et que les accords n'étaient pas équitables.

Dans sa décision, l'Autorité de la concurrence faisait en particulier ces constats : « L'Autorité estime que Google a manqué à son obligation de négociation de bonne foi avec les éditeurs et agences de presse ayant présenté une demande d'entrée en négociation au titre de la décision de mesures conservatoires. En particulier, l'Autorité relève que Google a entretenu, de manière constante, un lien entre les discussions portant sur la rémunération des droits voisins au titre des utilisations actuelles des contenus protégés par la loi et la conclusion d'un nouveau partenariat global dénommé Publisher Curated News, ou PCN, lequel portait principalement sur de nouveaux services, notamment le service dénommé Showcase. »

Plus loin, la décision relevait encore ceci : « L'Autorité constate qu'en établissant un lien entre les négociations sur la rémunération des droits voisins au titre des utilisations actuelles et celles sur la rémunération de nouveaux partenariats tels que Showcase, ce qui pouvait emporter des conséquences importantes sur la visibilité des éditeurs et agences de presse sur les services de Google, cette dernière a violé l'obligation de neutralité des négociations sur la présentation des contenus protégés sur ses services. » L'Autorité estime donc « qu'il y a lieu de prononcer une sanction de 500 millions d'euros ».

Or si l'habillage des accords a changé depuis cette décision, leurs modalités générales sont restées inchangées, bien que l'Autorité de la concurrence ait décidé le 21 juin 2022 de mettre fin à la procédure contentieuse entre les médias français et Google dans le dossier des droits voisins, en acceptant les engagements pris par le géant américain d'internet.

Face à ces menaces qui pèsent sur la liberté de la presse et son pluralisme, on comprend donc les exigences démocratiques que porte la presse indépendante, et notamment le Spiil.

Tout d'abord, il est inadmissible dans une démocratie digne de ce nom que l'opacité, partielle ou totale, soit la règle en ces domaines : de la même manière que les citoyens sont en droit de connaître l'identité des actionnaires des médias, et le contenu des pactes d'actionnaires qu'ils passent entre eux, ils devraient aussi pouvoir connaître le détail des aides publiques et privées que ces mêmes médias perçoivent. Dans la même logique de transparence, tous les accords passés par la presse avec les GAFAM devraient être rendus publics. Il est d'ailleurs à noter qu'en 2022 un rapport réalisé par la mission d'information de l'Assemblée nationale sur la mise en œuvre des droits voisins demande que les accords conclus avec certains médias « soient rendus publics ».

Mais au-delà, les grandes manœuvres auxquelles se livrent les GAFAM avec la presse des milliardaires attestent que la transposition en droit français de la directive européenne « sur le droit d'auteur et les droits voisins dans le marché unique numérique », prise le 19 avril 2019, n'a pas été assez contraignante.

Pour que la négociation avec les GAFAM autour de la répartition des droits voisins soit transparente et équitable, il aurait fallu que toute la presse soit soumise à l'obligation d'adhérer au même organisme de gestion collective des droits voisins, qui a vu le jour en France sous le nom de Société des droits voisins de la presse, laquelle est présidée par l'ex-journaliste et député européen Jean-Marie Cavada. Or la loi française n'a pas fixé cette obligation, laissant ainsi le champ libre aux négociations en solo, c'est-à-dire à une mise en œuvre opaque et inéquitable des droits voisins.

Dans une déclaration en date du 31 janvier 2022, ce sont ces mêmes constats que dressait le syndicat de la presse indépendante, le Spiil : « Google met tout en œuvre pour éviter la valorisation spécifique du droit voisin, qui s'étendra progressivement au monde entier : mélange à d'autres accords commerciaux comme Google Showcase, refus de se conformer à l'autorité de la concurrence allemande avant la directive européenne de 2019, suspension du service Google Actualités en Espagne du fait de l'obligation de la gestion collective, menace de suspension du moteur de recherche en Australie face à un projet de loi trop contraignant. »

Et le Spiil ajoutait : « Pourtant, tout ce que Google a ralenti ou combattu – la gestion collective, la prise en compte des “non-IPG” comme ayants droit, la transparence pleine et entière des accords passés pour mettre tous les éditeurs en capacité de comparer la valeur de leurs droits à ceux des autres – sont la seule issue pour que les droits voisins ne creusent pas un plus grand fossé économique entre quelques grands médias, qui sont d'ores et déjà en train de conclure des accords préférentiels, et les acteurs du pluralisme dont nous faisons partie. La création d'une telle rente réservée à quelques grands organes de presse, renforcée encore par des ententes commerciales plus larges comprenant également des référencements avantageux et d'autres services et partenariats, serait terriblement préjudiciable pour notre démocratie. »

C'est dire que la défense de la liberté et du pluralisme de la presse devrait appeler une régulation beaucoup plus énergique, avec une révision législative rendant obligatoire l'adhésion de toute la presse à la Société des droits voisins. C'est dire aussi que l'Europe a eu raison de préparer une législation européenne sur la liberté des médias, aussi appelée « European Media Freedom Act », visant à freiner notamment l'intrusion des actionnaires dans la vie éditoriale. Sans doute le dispositif est-il timide, mais l'intention est louable.

En bref, contre la double opération de prédation conduite d'abord par les puissances d'argent, maintenant par les géants du numérique, la presse a besoin d'une refondation d'ensemble, qui garantisse son indépendance et le droit de savoir des citoyens. Depuis quelques années, on parle beaucoup en France de la première opération ; il serait temps que l'on réalise que la seconde est tout aussi dangereuse…

CONCLUSION

Du voyage que nous venons d'effectuer dans l'univers de la presse et dans celui du livre découle un constat qui saute aux yeux : l'un et l'autre sont dans des situations voisines. Ils ont d'abord été la proie des puissances d'argent et voilà qu'ils sont aussi sous l'emprise des grands oligopoles américains, Google ou Facebook dans un cas, Amazon dans l'autre. La double peine, en quelque sorte !

Mais la presse a indéniablement un avantage sur le livre : depuis la Libération, il y a eu tellement de débats autour du droit à l'information – beaucoup plus qu'autour de la défense du livre – que de nombreuses propositions sont sur la table, et celles-ci peuvent nous orienter pour comprendre comment il serait possible de sortir de cette situation d'emprise généralisée. Nous orienter... un peu, mais pas totalement.

Instruit par les débats de ces dernières années, on comprend sans grande difficulté que la défense du droit de savoir des citoyens exige d'un gouvernement progressiste qu'il prenne deux grandes séries de mesures, d'abord de court terme et ensuite de long terme.

Pour les mesures de court terme, il serait d'abord urgent que soient prises des dispositions pour freiner l'insurmontable raz-de-marée de concentrations qui ne cessent de transformer les journaux en marchandises, les asservissant aux désirs ou penchants idéologiques des milliardaires. Ceci viserait à empêcher les concentrations horizontales ruinant le pluralisme de la presse, à l'instar d'un Bolloré qui, dans une insatiable boulimie, peut prendre le contrôle d'Europe 1, du *Journal du dimanche* et de *Paris Match*, alors qu'il contrôle déjà Canal+ ou CNews, et en faire des relais des campagnes de l'extrême droite. Mais aussi les concentrations verticales – phénomène plus récent et sans doute encore plus dangereux –, qui permettent aux mêmes puissances d'argent de prendre le contrôle de véritables conglomérats, contrôlant l'amont, l'aval et la périphérie d'une industrie, à l'instar du même Bolloré, qui a construit un gigantesque empire autour de la communication (Vivendi), des médias (Canal+, CNews, Europe 1, *Journal du dimanche* et *Paris Match*), de l'édition (Editis hier, Hachette demain), etc.

Parmi d'autres dispositions, on comprend aussi sans peine qu'une mesure législative concédant aux rédactions (privées, mais aussi publiques, dans la presse écrite comme dans la presse audiovisuelle) un statut juridique leur conférant des droits moraux, parmi lesquels le droit d'approbation et de révocation de leurs directeurs, constituerait une mesure phare pour garantir l'indépendance de ces rédactions et les protéger de toute intrusion de leurs actionnaires dans les contenus éditoriaux, ou de toute pression des pouvoirs.

Si une telle disposition avait eu force de loi, les opérations de prédation conduites par Vincent Bolloré sur I-Télé, rebaptisée Cnews, puis sur le *Journal du dimanche*, n'auraient pas pu aboutir. Dans le dernier cas, le milliardaire n'aurait pas pu faire son coup de force en installant la figure de l'extrême droite Geoffroy Lejeune à la tête du journal.

Qu'attendent les forces progressistes pour promouvoir ces dispositions et mener campagne pour qu'elles soient mises en œuvre ? Question désespérante ! Il y a eu ces dernières années une intense mobilisation citoyenne pour défendre l'indépendance de la presse. Il y a eu par exemple la création du collectif Stop Bolloré, rassemblant syndicats, associations, journalistes et personnalités, qui a lancé un appel en février 2022 pour dénoncer la constitution par l'homme d'affaires d'un « empire médiatique tentaculaire » servant une « idéologie réactionnaire ». Plus tard, le 27 juin 2023, il y a eu cette tribune publiée par *Le Monde* intitulée « *Le JDD* ne peut devenir un journal au service des idées d'extrême droite », signée par 650 personnalités de tous bords et de toutes sensibilités, attachées à la liberté de la presse.

Et pourtant, malgré ces initiatives nombreuses, les forces de gauche n'ont jamais porté une forte aspiration à la refondation démocratique de la presse. En 2016, les socialistes, en plein naufrage, ont fait voter une loi sur la presse (dite loi Bloche) qui ne reprenait aucune de ces réformes et se montrait très accommodante avec les milliardaires. Plus récemment, quand *Le Monde* a publié cette tribune au moment du coup de force sur *Le JDD*, l'appel a fait à gauche l'unanimité sauf au sein de… La France insoumise (LFI). Car si des cadres du mouvement figuraient parmi les signataires, Clémentine Autain, Alexis Corbière ou Éric Coquerel, c'est-à-dire tous les frondeurs du mouvement écartés six mois plus tôt de la direction, en revanche, dans le lot, il n'y avait pas Jean-Luc Mélenchon, ni sa garde rapprochée, comme Sophia Chikirou, Clémence Guetté, ou le coordinateur de La France insoumise Manuel Bompard. Dans une boucle de discussion interne, Jean-Luc Mélenchon s'en est expliqué, estimant que signer la pétition n'avait « pas de sens ». Avant d'ajouter : « Tous les larbins de Bolloré qui composent cette rédaction vont reprendre le travail pour lequel ils sont payés depuis longtemps, promouvoir l'extrême droite… »

Une sortie stupéfiante tant elle contrevenait à la défense inconditionnelle de la liberté de la presse qui s'imposait – que l'on aime ou non ce journal –, mais qui ne constitue pas une véritable surprise, tant Mélenchon affiche depuis de longues années une détestation de la presse et de sa fonction démocratique. C'est dire, en tout cas, qu'il y a un long combat à mener, pas seulement contre la droite et les milieux d'affaires, mais aussi au sein même de la gauche, pour défendre l'urgente nécessité de cette refondation démocratique de la presse.

Mais la responsabilité principale de ce naufrage démocratique, c'est évidemment à Emmanuel Macron qu'il faut l'imputer. Car il a laissé faire toutes ces opérations de prédation, et pris depuis son accession à l'Élysée en 2017 une rafale de dispositions portant atteinte à la liberté de la presse. La tenue, à son initiative, d'« États généraux de l'information », de septembre 2023 au printemps 2024, ne change pas grand-chose au constat. Car quand bien même des dispositions législatives progressistes en ressortiraient – ce dont on peut douter –, elles seront de toute façon bien tardives. Car c'est au plus fort du conflit du *JDD* que la puissance publique aurait dû intervenir, pour éviter ce scandaleux coup de force ; c'est aussi avant que Bolloré ne fasse main basse sur Hachette, le fleuron de l'édition française, que de nouvelles mesures anti-concentration auraient dû être mises en œuvre.

Alors maintenant que Bolloré a atteint ses principaux objectifs sans que le gouvernement ne le contrarie, à quoi riment ces États généraux ? Sans préjuger de ce qui en sortira, on devine sans peine la réponse : c'est l'une de ces campagnes de communication biaisée dont Macron a le secret. Il est d'autant plus difficile d'être dupe que sitôt le militant d'extrême droite Geoffroy Lejeune installé aux commandes du *JDD*, l'Élysée a fait de son mieux pour éviter que le journal ne soit ostracisé et se garde bien de réprimander les ministres qui s'y précipitent pour prendre la parole.

Mais le principal enjeu, c'est évidemment la propriété des médias. C'est de dessiner un avenir pour la presse débarrassé de l'emprise des milliardaires. C'est en quelque sorte de renouer avec le grand débat de la Libération. Que l'on se souvienne ! Juste avant que la guerre ne s'achève, le Conseil national de la résistance (CNR) avait, dans son programme *Les jours heureux*, fixé son ambition, que j'ai déjà évoquée : « Rétablir la liberté de la presse, son honneur et son indépendance à l'égard de l'État et des puissances d'argent. »

C'est dans cette logique que, la guerre finie, un bouillonnement s'est emparé de tous les journaux pour trouver des modèles juridiques permettant de garantir l'indépendance de leurs rédactions. Ce qui a conduit, finalement, à ce que deux grands modèles émergent : le modèle de la coopérative ouvrière, adopté à la Libération par de très nombreux journaux *(Le Parisien libéré, Le Courrier picard, Le Dauphiné Libéré...)* ; et le modèle du journal propriété de ses journalistes, choisi en 1952, après de longs tâtonnements, par *Le Monde*, et copié vingt ans plus tard par *Libération*.

On sait ce qu'il est malheureusement advenu de ces tentatives de libération de la presse. Chassées un moment, les puissances d'argent sont revenues en force, et ont repris le contrôle des médias indépendants. Les structures juridiques inventées pour garantir l'indépendance de ces rédactions ont elles-mêmes fait faillite, ou presque : l'existence de la Société des rédacteurs du Monde (SRM), autrefois actionnaire majoritaire du journal, n'a pas empêché sa prise de contrôle par le milliardaire Xavier Niel ; et il en a été de même pour la Société civile des personnels de Libération (SCPL).

La bataille engagée à la Libération pour créer des journaux libres et indépendants, il a donc fallu la reprendre. Et on voit bien qu'en France de nombreux jeunes médias numériques ont commencé à chercher des voies nouvelles au cours de ces dernières années pour inventer des modèles d'indépendance adaptés aux temps présents. C'est dans cette logique – on ne m'en voudra pas de le citer en exemple – que Mediapart a créé le Fonds pour une presse libre (FPL), un fonds de dotation remplissant une mission d'intérêt général (l'aide à la presse indépendante), et qui secondairement est la structure dans laquelle est sanctuarisé le capital du journal. En somme, Mediapart est devenu le premier journal français sans actionnaires.

On peut formuler les choses différemment. Dans la boulimie d'appropriation sans limites que manifestent les puissances d'argent, dans ce raz-de-marée de marchandisations et de privatisations qu'impose le néolibéralisme, il est décisif de défendre pied à pied les biens communs – et l'information est un bien commun essentiel. Il est aussi décisif d'ouvrir des voies de réforme qui vont au-delà de la propriété, qui dessinent un monde nouveau, hors du champ d'influence de l'univers de l'argent. C'est un peu dans cet esprit qu'a été conçue l'innovation juridique que constitue le FPL.

On voit bien que la bataille est multiforme et doit se mener sur plusieurs fronts. Il y a longtemps eu le front des milliardaires ; il y a désormais une nouvelle offensive pour asservir la presse, celle des géants du numérique. Alors, comment y faire face ? Disons-le sans détour : au début, on avait de bonnes raisons de ne pas trop savoir comment s'y prendre.

Ou plutôt si ! Quand, au début des années 2010, Google a par exemple engagé des grandes manœuvres en France pour amadouer la puissance publique en proposant de créer un fonds d'aide à la modernisation numérique de la presse, on pouvait avoir de bonnes raisons de dénoncer l'artifice, en soulignant que la ficelle était un peu grosse et que l'oligopole américain cherchait seulement à faire oublier ses systèmes d'optimisation fiscale. Dans la presse, il y a donc eu une ligne de fracture, entre d'un côté la presse des milliardaires qui s'est empressée de demander l'aumône auprès de Google ; et de l'autre la presse indépendante qui a dénoncé ces petites manœuvres. Mais la directive européenne de 2019 sur les droits voisins a, à l'évidence, changé la donne puisqu'elle a fait obligation aux plateformes de ne plus piller à leur profit les informations publiées par la presse, mais de les rémunérer à leur juste prix.

On sait donc ce qu'il en est advenu. Pour essayer de ne pas payer ces droits voisins à leur juste prix, Google a cherché, avec la complicité des grands éditeurs, à faire une prise de judo, en agrégeant ces droits voisins avec des services commerciaux vendus par le géant américain.

Pour la presse indépendante, l'enjeu de la période présente est donc de gagner cette bataille des droits voisins. Reste pourtant une question majeure, que personne ou presque ne soulève : sur le long terme, est-il concevable qu'un oligopole aussi puissant que Google devienne, grâce à cette prise de judo sur les droits voisins, l'acteur principal de la presse française ? Pourquoi parle-t-on si souvent du danger que les milliardaires français font peser sur le droit de savoir des citoyens et si peu souvent du danger plus grand que font peser sur le même droit Google et Facebook ? Pourquoi une telle vigilance dans le premier cas, et une telle indolence ou indifférence dans le second ? Toute la presse française ou presque est en train de passer sous l'influence de Google, et cela ne fait presque pas une vague !

Il existe d'ailleurs un autre argument qui permet de mieux cerner l'extrême danger de l'offensive des géants du numérique sur la presse. À la Libération, la puissance publique ne s'est pas en effet bornée à promulguer des lois garantissant la liberté et l'indépendance de la presse. Pour que cette liberté ne soit pas seulement de pure forme, elle a aussi pris, en 1947, des dispositions, connues sous le nom de « loi Bichet », réglementant la distribution de la presse, de sorte que tous les titres bénéficient des mêmes droits. Or, avec la révolution technologique et l'irruption des géants du numérique, on comprend bien que c'est ce cadre réglementaire garantissant l'universalité de la diffusion, sans lequel il n'y a pas de véritable liberté de la presse, qui est en train d'exploser, puisque Google, à l'aide de divers moyens, soit celui du référencement, soit celui des accords commerciaux, peut tout à sa guise privilégier un média ou en pénaliser un autre. En quelque sorte, la loi Bichet, si fondamentale, a été jetée à la poubelle, sans que le législateur ne cherche à la rénover pour prendre en compte la révolution internet.

L'indolence – ou la complicité – française est d'autant plus saisissante que, par contraste, un débat beaucoup plus vaste et beaucoup plus vif se mène périodiquement aux États-Unis autour des dangers que les géants du numérique font peser sur la vie démocratique. Lors de la dernière campagne pour l'élection présidentielle américaine, la sénatrice et candidate à la primaire démocrate Elizabeth Warren avait par exemple annoncé que, si elle accédait en 2020 à la Maison-Blanche, elle procéderait au démantèlement des géants numériques américains. Sa proposition avait été avancée dans une tribune ainsi intitulée : « Voici comment nous pouvons démanteler les entreprises technologiques géantes ».

Concrètement, en cas de victoire, Warren aurait défendu une loi prévoyant que l'activité du moteur de recherche de Google soit séparée de l'activité publicitaire, tandis qu'Amazon aurait été scindé en de nombreuses entités commerciales, recoupant les multiples services que la firme regroupe.

Pourquoi ce type de débat ne prospère-t-il pas en France ? Et faut-il souhaiter que ce soit le cas ? Un premier constat coule de source : les États-Unis ont fréquemment des débats autour de ces questions. Des mesures de démantèlement, même très audacieuses, ont souvent marqué l'histoire économique américaine. Disposant depuis la fin du XIXe siècle d'une législation antitrust qui n'a cessé d'être renforcée au fil des décennies suivantes, l'administration américaine s'en est périodiquement servi pour démanteler de grands empires économiques, comme l'American Tobacco et la Standard Oil en 1911 ou AT&T en 1984.

Cela n'a bien sûr rien de surprenant : au pays du libéralisme, la concurrence est la règle, et les situations d'abus de position dominante sont sanctionnées. Cette position n'est d'ailleurs pas qu'une spécificité américaine : on oublie trop souvent que les premiers partisans des nationalisations en France ne se sont pas recrutés dans les milieux de la gauche, mais, à la fin du XIXe siècle, dans des cercles libéraux.

C'est si vrai que le dernier homme politique français à avoir évoqué l'hypothèse d'un démantèlement des GAFAM n'est autre que… Emmanuel Macron ! Lors de la dernière campagne présidentielle, il avait en effet évoqué cette piste, le 13 avril 2022, à la faveur d'un entretien avec le magazine *Le Point*, en disant qu'il « ne faudra pas exclure un démantèlement si cela se révélait nécessaire », citant précisément celui de la Standard Oil, décidé en 1914 sous l'impulsion de Roosevelt. « Les sociétés démocratiques ne peuvent accepter que des plateformes soient en situation de monopole, je suis favorable à ce que les régulateurs européens de la concurrence se réarment face à ce risque », avait-il ajouté. Le ministre des Finances Bruno Le Maire avait lui-même enfourché peu avant le même cheval de bataille : « De la même façon qu'au début du XXe siècle on a démantelé les grandes compagnies pétrolières, il faudra démanteler les géants du digital, remettre de la concurrence, réguler la façon dont ils contrôlent les données, car ils ont acquis une puissance excessive. »

Mais après ces fortes paroles, que s'est-il passé ? Rien ! Macron et Le Maire se sont bien gardés de passer de la parole aux actes. C'est Bruxelles, quelque temps plus tard, qui a pris le relais. On a en effet appris en juin 2023 que la Commission européenne envisageait de lancer une nouvelle procédure dans le but de contraindre Google à vendre une partie de ses activités, et donc de se scinder en deux. Motif, toujours le même : l'abus de position dominante du géant mondial de la publicité en ligne. Si la Commission européenne s'est soudainement enhardie, c'est sans doute parce qu'elle a senti que les autorités américaines elles-mêmes étudiaient à la même époque, à l'initiative du ministère américain de la Justice, un projet similaire de partition de Google.

Mais sans doute faut-il se garder de se réjouir trop vite. Car si le projet de partition est désormais étudié des deux côtés de l'Atlantique, les confrontations judiciaires risquent d'être interminables et leur dénouement pour le moins incertain.

L'idée d'un démantèlement est donc moins séduisante qu'il n'y paraît, car au fond on en comprend bien la logique : c'est une régulation dans le système néolibéral, pour en corriger les plus graves excès et pour assurer sa survie ; ce n'est pas l'invention d'un nouveau système, qui remet les formidables outils de la révolution numérique au service des usagers. Ce n'est pas la défense de ce que Philippe Aigrain, le cofondateur de La Quadrature du Net, appelait les « biens communs informationnels ».

Car le premier dégât des géants d'internet a été celui-là : ils se sont appropriés des biens communs, dans une logique marchande ; ils ont détourné l'univers numérique du rêve qu'avaient caressé ses pionniers. Que l'on veuille bien se souvenir par exemple de John Perry Barlow, le poète et essayiste libertaire, qui fut aussi le parolier des Grateful Dead, et de sa célèbre « Déclaration d'indépendance du cyberespace », écrite lors du Forum de Davos, en 1996, en protestation contre une loi de censure sur les télécoms promulguée par le vice-président américain Al Gore. Dans le prologue de cette déclaration, il parlait de ce rêve, celui d'un internet libre, dans ces termes : « Nous sommes en train de créer un monde où tous peuvent entrer sans privilège et sans être victimes de préjugés découlant de la race, du pouvoir économique, de la force militaire ou de la naissance. Nous sommes en train de créer un monde où n'importe qui, n'importe où, peut exprimer ses croyances, aussi singulières qu'elles soient, sans peur d'être réduit au silence ou à la conformité. Vos concepts légaux de propriété, d'expression, d'identité, de mouvement, de contexte, ne s'appliquent pas à nous. Ils sont basés sur la matière, et il n'y a pas ici de matière. »

Mais plus tard, à la faveur d'une tribune dans le journal *Libération* (9 février 2018), un enseignant chercheur de l'Université de Nantes, Olivier Ertzscheid, résumait tristement la suite : « Plus rien dans cet extrait n'est vrai. Et c'est tout le contraire qui s'est mis en place. Mais cela reste comme une petite lumière qui continue de dire où tout cela a commencé, quels rêves étaient alors permis et vers où, peut-être dès demain, recommencer à rêver. »

Plus rien n'est vrai ! Car dans leur boulimie d'appropriation, les géants du numérique ont saccagé l'univers de l'internet, en ont fait un immense espace marchand, asservissant ses usagers à ses logiques commerciales et publicitaires, les rendant prisonniers de ses algorithmes, façonnant à sa façon les hiérarchies de l'information, réduisant les journalistes à ne plus faire leur métier d'enquête pour vérifier seulement les rumeurs, même les plus folles, les plus délirantes ou les plus dangereuses, qui circulent sur ses réseaux.

Cette boulimie d'appropriation n'est naturellement pas une spécificité de l'univers internet. Avec la vague néolibérale qui a enflé à partir du début des années 1980, l'idéologie propriétaire a fait des ravages innombrables. Rien n'a échappé au virus des privatisations : en France, il a d'abord contaminé les plus beaux fleurons de l'industrie et de la finance, puis il s'est propagé aux services publics et aux infrastructures publiques, et maintenant il déstabilise même des besoins aussi essentiels que la santé ou l'éducation.

Face à ce séisme, il est donc décisif d'opposer une alternative à ce capitalisme prédateur, celle des communs. Alternative de bon sens : n'est-il pas temps de convenir qu'il y a des biens essentiels qui ne devraient appartenir à personne, pas même à l'État, et dont l'usage devrait être ouvert à tous ? Si c'est le cas, il coule de source que les biens communs numériques font partie de cet horizon post-capitaliste, allant au-delà de la propriété. Ce qui peut paraître utopique, mais qui correspond très précisément aux espérances des premiers temps de l'internet.

Du même coup, on comprend l'usage qui pourrait tout de même être fait d'un démantèlement des géants du numérique. Ce pourrait être non pas une grande mesure de régulation pour rétablir une concurrence saine et parfaite, dans l'univers néolibéral, mais la première étape de la reconquête des biens communs numériques.

Et ce raisonnement qui s'applique à la presse vaut tout autant pour l'édition. Car on comprend bien que des mesures d'urgence, là encore, devraient s'imposer. Alors qu'une poignée de milliardaires se disputent le contrôle des maisons d'édition et forgent des empires, tout en étant des acteurs importants de la distribution, des mesures anti-concentration devraient être à l'ordre du jour pour contrecarrer ces appétits.

La défense du prix unique du livre devrait exiger que la distribution ne soit pas un moyen de la contourner et que tous les opérateurs, Amazon compris, soient dans l'obligation de facturer des frais de transport à leurs prix réels, et non à prix cassés, ce que revendiquent à bon droit les libraires français, et ce que la nouvelle loi Darcos ne leur accorde pas.

Mais, comme dans le cas de la presse, il faut naturellement aller au-delà et préciser l'attitude qu'il convient d'adopter face à Amazon. Dans le cas de Macron, on sait ce qu'il en est : Jeff Bezos est son ami, qu'il reçoit à l'Élysée, et qu'il décore même, quand il est de passage à Paris. On ne sera donc pas surpris que ce pouvoir ait fait tout son possible pour que la loi Darcos soit la moins ambitieuse possible et continue de faire le jeu d'Amazon.

Mais, pour comprendre ce qui se joue, il faut porter le regard plus loin. Si Amazon est une menace pour tous les libraires français - et à terme pour les éditeurs, même si ceux-ci s'en accommodent aujourd'hui -, c'est parce que La Poste a perdu depuis longtemps le monopole de distribution dont elle disposait et, ne cessant de perdre des parts de marché depuis l'ouverture de la concurrence, elle a laissé Amazon occuper une place croissante en France. En résumé, l'envolée d'Amazon est d'abord la conséquence du naufrage du service public.

La situation est même devenue ubuesque puisque Amazon est à la fois le principal concurrent de La Poste et son principal client. La Poste, qui devrait protéger les libraires français, en est donc venue à concéder à Amazon des tarifs avantageux (et secrets), qui ont pour effet d'étrangler davantage… les libraires !

Sans évoquer le débat autour du nécessaire démantèlement d'Amazon, on comprend donc que la première riposte, la plus efficace, serait d'œuvrer à une refondation des services publics français, en commençant par le service public postal. Ce combat-là pour la refondation des services publics est le même que celui pour les biens communs.

En résumé, on se rend compte que, dans le capitalisme actuel, on assiste à une extension spectaculaire du droit de propriété. Il n'y a plus de limite : tout doit lui être assujetti, y compris des biens communs aussi essentiels à la vie que l'air ou l'eau. Ceci délimite la ligne de front des combats démocratique à mener : c'est ce droit de propriété, sans limite, qu'il faut contester ; c'est à cette marchandisation généralisée, touchant jusqu'à l'information et la culture qu'il faut résister ; et c'est donc vers l'horizon des communs qu'il faut se tourner. C'est le seul horizon qui peut garantir l'indépendance de la presse, comme celle du livre.

DU MÊME AUTEUR

Histoire secrète des dossiers noirs de la gauche (en collaboration), Éditions Alain Moreau, 1986
La Grande Méprise (en collaboration), Grasset, 1996
La Gauche imaginaire et le Nouveau Capitalisme (avec Gérard Desportes), Grasset, 1999
Voyage indiscret au cœur de l'État (en collaboration), Éditions Le Monde/Le Pré aux Clercs, 2000
Les Stock-options (avec Philippe Jaffré), Grasset, 2002
L'Adieu au socialisme (avec Gérard Desportes), Grasset, 2002
Jacques le Petit, Stock, 2005
Petits conseils, Stock, 2007
Sous le Tapie, Stock, 2008
Les 110 Propositions, 1981-2011. Manuel critique à l'usage des citoyens qui rêvent encore de changer la vie (ouvrage collectif de la rédaction de Mediapart), Don Quichotte, 2011
Les Imposteurs de l'économie. Les économistes vedettes sous influence, Paris, Éditions Gawsewitch, 2012. 2e édition : Pocket, 2012. Réédité dans une version augmentée et numérique en 2017 par les éditions Don Quichotte.
L'Étrange Capitulation, Éditions Gawsewitch, 2013. Réédité en version numérique en 2015 par les éditions Don Quichotte
Tapie, le scandale d'État, Stock, 2013
À tous ceux qui ne se résignent pas à la débâcle qui vient, Don Quichotte, 2014
Main basse sur l'information, Don Quichotte, 2016
La Caste. Enquête sur cette haute fonction publique qui a pris le pouvoir, La Découverte, 2018
Prédations. Histoire des privatisations des biens publics, La Découverte, 2020
Trotskisme, histoires secrètes (avec Denis Sieffert), Les petits matins, 2023

DANS LA MÊME COLLECTION

Habiter contre la métropole, Conseil nocturne
Capitalisme carcéral, Jackie Wang
Fragmenter le monde, Josep Rafanell i Orra
Dark Deleuze, Andrew Culp
Par-delà les frontières du corps, Silvia Federici
Hegel après Occupy, Mikkel Bolt Rasmussen
Tout le monde peut être féministe, bell hooks
Contre la révolution politique, Nicola Massimo de Feo
« *Alternatives* » *à la prison,* Michel Foucault
La Magie planétaire, Alf Hornborg
Radiations et révolution, Sabu Kohso
Internet, année zéro, Jonathan Bourguignon
La Puissance féministe, Verónica Gago
La Question de la technique en Chine, Yuk Hui
La Diagonale de la rage, Michel Kokoreff
Héritage et fermeture, Emmanuel Bonnet, Diego Landivar et Alexandre Monnin
Le monstre est parmi nous, Mike Davis
Défaire la police, Jérôme Baschet, Elsa Dorlin, Irene, Guy Lerouge, Collectif Matsuda, Serge Quadruppani
La Volonté de changer, bell hooks
Le Consumérisme à travers ses objets, Jeanne Guien
Noirceur, Norman Ajari
Corset de papier, Lucie Barette
Révoltes animales, Fahim Amir
Hilaria, Irene
L'Automatisation et le Futur du travail, Aaron Benanav
À bout de flux, Fanny Lopez
À propos d'amour, bell hooks
Le Pouvoir de l'ombre, Philippe Münch
À Arles, Collectif Othon
Une histoire des produits menstruels, Jeanne Guien

Perspectives low-tech, Quentin Mateus et Gauthier Roussilhe
Politiser le renoncement, Alexandre Monnin
Une histoire personnelle de l'ultragauche, Serge Quadruppani
Des femmes et du style, Azélie Fayolle
No crypto, Nastasia Hadjadji
Appel, Anonymes
Théories féministes voyageuses, Mara Montanaro
Petit traité de cosmoanarchisme, Josep Rafanell i Orra
Ce que le football est devenu, Jérôme Latta
Rage assassine, bell hooks
Littérature et révolution, Joseph Andras et Kaoutar Harchi
Paris 2024, Jade Lindgaard

Imprimé en France par CPI Bussière
en janvier 2024

N° d'impression : 2075539
Dépôt légal : février 2024